Why? 심리학

Why? 심리학

감수자 | 정경미
연세대학교 심리학과 및 동 대학원을 졸업했습니다. 미국 하와이 대학교에서 임상심리학 박사 학위를 받았고, 노스캐롤라이나 대학교와 존스홉킨스 대학교에서 박사 후 과정을 거쳤습니다. 컬럼비안 의과대에서 임상 강사를 역임했으며 현재 연세대학교 심리학과 교수로 재직 중입니다.

글쓴이 | 조영선
만화 창작집단 '퍼니C'에서 스토리, 콘티 및 기획 작가로 활동하고 있습니다. 주요 작품으로 〈Why?〉 과학 시리즈 〈화학, 물리, 로봇, 식품과 영양, 빛과 소리〉, 인문사회 시리즈 〈음악, 언어와 문자〉 등이 있으며 세라믹연구원, 한국표준과학연구원, 시흥시청의 홍보 만화와 〈팩맨의 스포츠 과학〉 〈서바이벌 경제왕〉 등도 있습니다. e-mail : ysuny2@hanmail.net

그린이 | 그림수레
그림수레는 만화와 삽화를 그리는 창작 모임입니다. 현재 어린이들에게 꿈과 희망을 줄 수 있는 수준 높은 만화와 캐릭터를 개발 중이며, 펴낸 책으로는 〈안녕, 형아〉와 〈Why?〉 과학 시리즈 〈우주, 컴퓨터, 동물, 생명과학, 동굴, 인류〉 인문사회 시리즈 〈철학〉 등이 있습니다.

서술형 출제 | 반주원
고려대학교 역사교육과를 졸업하고 동 대학원에 진학했습니다. 전국최고 사탐강사 5인(입시타임즈 선정)에 선정되었고 메가스터디 사회과 대표 강사를 지냈습니다. 현재 EBS 사회탐구 강사, (주)학생사랑 대표를 맡고 있습니다.

2011년 5월10일 1판1쇄 발행
2012년 7월10일 1판6쇄 발행

회장 | 나춘호
펴낸이 | 나성훈
펴낸곳 | (주)예림당
등록 | 제 4-161호
주소 | 서울특별시 강남구 삼성동 153
구매 문의 전화 | 예림M&B 561-9007
팩스 | 예림M&B 562-9007
책 내용 문의 전화 | 3404-9238
홈쇼핑 문의 전화 | 3404-9286
http://www.yearim.kr
ISBN 978-89-302-3142-8 73180
© 2011 예림당 외

STAFF

편집 상무 | 유인화
편집 이사 | 백광균
편집 | 연양흠/장효순 박효정 이나영 이연옥
　　　최혜원 김승현 문지연 최은송
사진 | 김창윤/이건무
디자인 | 이정애/손희재 이보배 김신애 이나연
　　　김윤실 이은주 강임희 최서원 진예리
홍보 | 박일성/김선미 이미영 이예원
제작 | 정병문/신상덕 전계현
마케팅 이사 | 김영기
마케팅 | 정학재/지재훈 김희석 정웅
　　　임상호 전훈승 전기남 이정화
특판팀 | 채청용/서우람 최순예

* 이 책은 저작권법에 따라 보호받는 저작물이므로 무단 전재와 무단 복제를 금합니다.
　이 책의 표지 이미지나 내용 일부를 사용하려면 반드시 (주)예림당의 서면 동의를 받아야 합니다.

△ 주의 : 책을 던지거나 떨어뜨리면 다칠 우려가 있으니 주의하십시오.

Why? 인문사회교양

균형 잡힌 지식의 식단

애플의 최고 경영자였던 스티브 잡스는 자사 제품을 소개하는 자리에서 "소크라테스와 반나절을 보낼 수 있다면 애플의 모든 기술을 포기하겠다. 애플의 DNA에는 기술뿐만 아니라 인문학이 녹아 있다."고 말하며 애플 경쟁력의 원천이 인문학에 있음을 강조했습니다. 이는 곧 IT 업계를 포함한 다양한 곳에 인문학 바람을 일으켰지요.

그동안 실용 학문에 밀려 위기에 처해 있던 인문학 분야가 최근 재조명되고 있는 건 갈수록 복잡해지고 삭막해져 가는 사회에 온기가 필요함을 다시금 깨달았기 때문입니다. '인문학'은 인간과 문화에 대해 탐구하는 학문으로 인류가 쌓아 온 문화와 걸어온 발자취를 분석하여 비판적으로 깊이 생각해 보고 더 올바른 길을 찾아보는 데 목적이 있습니다. 한마디로 인문학은 모든 학문의 기초로서 삶을 보다 가치 있게 만들고 세상을 똑바로 바라볼 수 있는 눈을 갖게 해 주는 학문이라 할 수 있지요.

〈Why? 인문사회교양만화〉는 철학·문학·언어학·종교학·예술 등의 인문학을 중심으로 일상생활과 밀접한 상식과 교양 분야의 다양한 주제를 다뤄, 지(知)와 덕(德)이 조화를 이룬 균형 잡힌 교양인으로 성장할 수 있게 기틀을 마련해 줍니다. 아울러 초등학교 교과 과정의 국어·수학·사회·예체능 과목에 대한 이해를 높여 학습 능력을 키워 줍니다. 성장기 어린이들에게 고른 영양이 담긴 다양한 음식이 필요하듯 지식과 정보 역시 어느 한 쪽에 치우치지 않은 균형 잡힌 '식단'을 마련해 주어야 합니다. 이것은 교육의 궁극적 목표인 전인 교육의 출발점이기도 하지요.

균형 잡힌 지식의 식단, 〈Why? 인문사회교양만화〉를 통해 폭넓은 배경지식과 교양을 두루 갖추고 가슴에 훈훈한 온기를 품은 21세기형 어린이가 되기를 바랍니다.

Contents

- 자신감이 없어! ⋯ 8
- 콜리와의 만남 ⋯ 14
- 마음이란? ⋯ 20
- 마음을 연구하는 심리학 ⋯ 23
- 엄지와의 만남 ⋯ 26
- 고단수의 등장 ⋯ 32
- 꼼지의 열등감 ⋯ 37
- 집단의 선택을 따르는 동조 현상 ⋯ 46
- 꿈과 무의식 ⋯ 52
- 맹물도 약이 된다 – 플라시보 효과 ⋯ 57
- 스트레스를 지배하라 ⋯ 62
- 칭찬의 효과 – 조작적 조건 형성 ⋯ 68
- 여러 가지 심리 장애 ⋯ 77
- 잘난 척하지 마! ⋯ 87
- 자신을 사랑하는 나르시시즘 ⋯ 94

- 머릿속으로 훈련하기 – 상상 연습 ··· 101
- 반복적인 실패 – 학습된 무기력 ··· 108
- 꼼지, 강화 훈련을 받다 ··· 112
- 웃음의 힘 ··· 118
- 난 너희와 달라 ··· 120
- 마음을 움직이는 말 ··· 128
- 질투와 집착 ··· 136
- 마음의 정화 – 카타르시스 ··· 142
- 좋아하면 비슷해져 ··· 147
- 단수의 분노 ··· 150
- 엄지에 관한 소문 ··· 156
- 범인은 바로 나! ··· 162
- 진정한 성장 ··· 170

[이 책의 **특장점** 및 **일러두기**]

1 인문학과 더불어 상식, 교양 분야의 여러 주제를 다뤄 다양한 지식을 쌓게 하고, 상식이 풍부한 교양인의 자질을 길러 줍니다.

2 각각의 주제는 초·중등학교 교과 과정과 연계되도록 구성하여 초등학교 교과 학습에 효과적임은 물론 중등 교과 과정의 선행 학습에 도움이 됩니다.

3 각 분야의 전문학자·교수·연구원들의 세심한 감수로 내용의 정확성을 확보했습니다.

4 〈반주원 쌤의 논술 터치〉는 학습 내용의 핵심을 헤아려 보는 단답형 문제와 학습 내용을 정확히 이해하여 논리적인 생각을 펼쳐 보는 서술형 문제로 꾸몄습니다.
논리력과 창의력을 중시하는 논술 시험 대비에 도움이 됩니다.

5 〈찾아보기〉를 두어 주요하고 핵심적인 내용을 쉽게 찾을 수 있도록 했습니다.

6 이 책의 인명, 지명 등 외래어 표기는 국립국어원의 '외래어 표기법'을 기준으로 했습니다.

7 이 책의 띄어쓰기와 맞춤법은 국립국어원의 '표준국어대사전'을 기준으로 했습니다.

Character

꼼지
강성 초등학교 야구부의 투수. 재능은 탁월하나 몇 번의 역전패로 자신감을 잃고 우울해한다.

엄지
강성 초등학교 야구부의 기록원으로 발랄하고 명랑하다. 하지만 남모르는 아픔이 있다.

고단수
강성 초등학교로 전학 온 소년. 남부럽지 않게 자란 탓인지 거만하고 자기도취도 심하다. 야구 실력도 뛰어나다.

콜리
심리 치료 로봇. 자신감을 잃고 열등감에 빠진 꼼지에게 심리학에 관해 알려 주고 더불어 자신감을 회복할 수 있도록 이끌어 준다.

자신감이 없어!

강성 초등학교와 미소 초등학교의 야구 시합

강성	미소
2	0

9회 말 미소의 공격
주자 1, 2루 상황

헉 헉

꼭 아웃시켜야 하는데…. 아!

아, 꼼지야, 제발…!

한 명만 아웃시키면 우리가 이겨.

*B●●● S●●○ O●●: 볼 카운트가 볼(B) 3개, 스트라이크(S) 2개이며, 2명의 타자가 아웃(O)된 상황을 가리킴

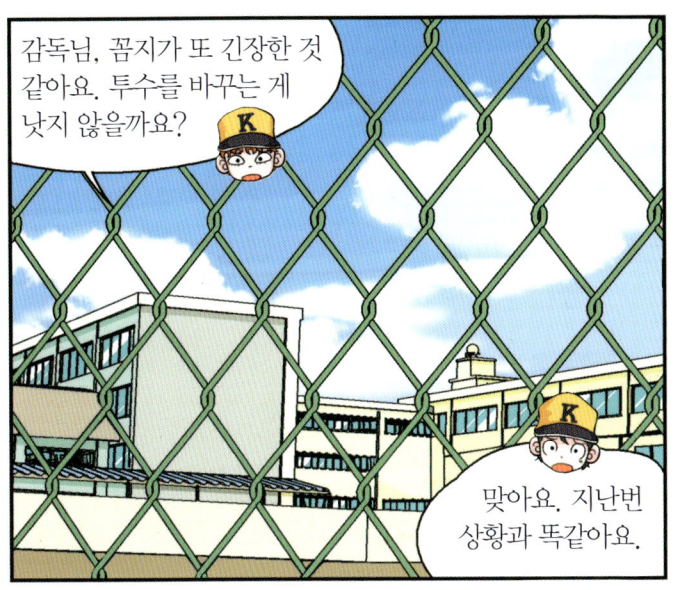

이 공 하나에 우리가 이길 수도 질 수도 있어…

맞아, 저 선수는 오늘 안타를 못 쳤어. 이번에도 빠른 공으로 승부를 걸어 볼까?

쿠오오

아… 아냐. 빠른 공을 기다리고 있을지도 몰라. 으, 왜 이렇게 손이 떨리지?

두근두근

뭘 꾸물대! 빨리 던져.

감독님, 꼼지가 또 긴장한 것 같아요. 투수를 바꾸는 게 낫지 않을까요?

맞아요. 지난번 상황과 똑같아요.

음, 꼼지는 기량은 뛰어난데 결정적일 때 자신감을 잃는 게 큰 탈이야.

9

넌 잘할 수 있어! 자신감을 가져!

감독님….

그렇다고 여기서 바꾸면 앞으로도 이런 상황을 이겨 내지 못할 거야.

자신감이 운동선수들의 경기력을 높인다는 것은 '자기 효능감' 이론에 의해 사실로 밝혀졌다.

거봐, 자신감을 가지니 되잖아.

기록이 제대로 나왔나요?

> ### 자기 효능감
> 앨버트 반두라가 제시한 것으로 한 개인이 어떤 상황에서 그 일을 잘해 낼 수 있다는 자신의 능력에 대한 믿음을 말한다.
>
> **자기 효능감을 높이는 방법**
> - 자신의 성공 경험이 자기 효능감을 높인다.
> - 가까운 주변 사람의 성공 사례를 보고 자신도 할 수 있다는 믿음이 자기 효능감을 높인다.
> - 다른 사람으로부터 꼭 성공할 거라는 격려의 말을 들으면 자기 효능감이 발달한다.
> - 어떤 주어진 상황에서 개인의 몸과 마음의 상태가 건강해야 자기 효능감이 발달한다.

꼼지 넌 재능이 있어. 그 재능만 잘 살리면 분명 넌 최고가 될 거야! 그러니 자신감을 가져!

네!

그래, 해 보는 거야.

난 잘할 수 있어!

슈웅

* 앨버트 반두라(1925년~) : 사회 학습 이론으로 유명한 캐나다의 심리학자

번쩍

움찔

미끌

앗!

깡

헉!

이런! 꼼지가 또 실수를 했군.

와우, 역전 홈런이야! 우리 팀이 이겼어. 꼼지 투수, 고맙다! 하하!

하아 하아 하아

고오오오오

11

이렇게 또 허무하게 지다니….

크하하

내가 또 실수를 했어! 세 경기 연속, 끝내기 홈런을 맞다니….

웅성 웅성 웅성

흠….

꼼지가 요즘 왜 저러지? 잘 던지다가도 꼭 마지막에 가서 역전패를 당한단 말이야.

슬럼프에 빠졌나 보네.

슬럼프?

운동 경기 중에 운동선수가 자기의 실력을 제대로 발휘하지 못하고 저조한 상태로 오래 지내는 걸 말해.

슬럼프에 빠지면 자신감이 떨어지고 심해지면 자신의 목표를 포기할 수도 있기 때문에 반드시 극복해야 한다.

제 전성기는 이제 끝난 것 같아요.

그런 소리하지 마. 넌 단지 슬럼프야!

난 꼼지의 활기찬 모습이 참 좋았는데 요즘에 자꾸 우울해 보여 걱정돼.

걱정 마.

내가 있잖아. 나를 꼼지한테 보내 줘.

오, 좋은 생각이야!

넌 우리 아빠가 만든 심리 치료 로봇이니까 분명 꼼지를 도울 수 있을 거야.

응!

＊ 저조 : 능률이나 성적이 낮음

콜리와의 만남

휘이이잉

나 때문에 또 졌어. 나 때문에….

팀에 도움을 주기는커녕 사기만 떨어뜨리니…. 난 정말이지 쓸모없는 선수야.

그걸 이제 알았냐?

흠칫

9회말 역전패는 정말 너무너무 화가 나! 더 이상은 못 참겠어.

스스스

!

앗!

물집이 잡히게 훈련하면 뭐해? 너 때문에 항상 지는데….

이러다 예선 통과도 못 하면 네가 책임 질 거야?

미안해.

미안하다면 다야? 당장 그만둬!

으아아악

팀 망신 그만 시키라고!

꼼지야, 왜 그래? 무슨 일이야?

덜컹

미, 미안해…. 내가 잘못했어. 정말 미안해!

덜덜덜

꼬, 꼼지야….

꼼지 때문에 걱정이에요. 저러다 우울증에 걸리는 건 아닌지….

우울증?!

예선전이 코앞이라 그런지 요 며칠 우울해 보였는데 오늘은 급기야 소리치며 식은땀도 흘리더라고요.

그렇다고 우울증까지 걸리겠어요?

잠시 후

아마 예선전 때문에 스트레스가 심해서 그런 걸 거예요.

나도 그렇게 생각하는데 요즘 우울증 기사가 많다 보니…

우울증(우울 정신병)

약물이나 의학적 처치가 없는 상태에서 2주 이상 심각하게 우울한 기분과 무가치하다는 느낌, 그리고 대부분의 활동에서 관심이나 즐거움이 줄어든 것을 경험하게 되는 기분 장애를 말한다.

우울증 증상 (다음의 증상을 얼마 동안 보이는 경우, 우울증이라 할 수 있음)

- 종일 슬프고 우울함이 계속된다.
- 절망적인 느낌이 들고 모든 것을 부정적으로 생각한다.
- 식욕과 체중이 크게 변한다.
- 죄책감이 들고 스스로 존재 가치가 없다고 여긴다.
- 매사 초조하고 쉽게 짜증이 난다.
- 힘이 없고 몸이 처진다.
- 삶에 대한 흥미가 없다.
- 집중력과 기억력이 떨어지고 의사 결정을 잘 못한다.
- 두통, 소화기 장애 등 치료에 잘 반응하지 않는 신경성 신체 증상이 계속된다.
- 죽음이나 자살에 대한 생각, 심지어 자살 기도를 한다.

아, 우울증이 심해지면 스스로 목숨을 끊는 경우도 있다던데…

괜한 걱정 말아요!

어쨌든 꼼지가 심리적으로 좀 불안한 것 같으니 우리가 좀 더 신경 씁시다.

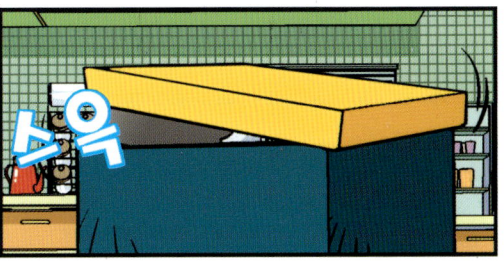

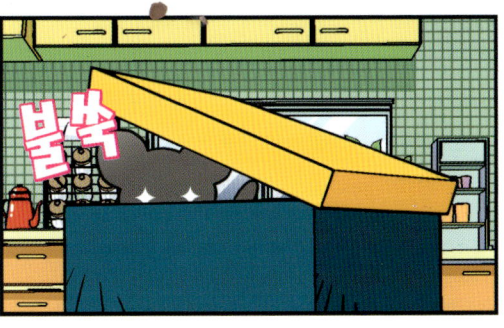

이틀 후

오, 우리 아들 인기 좋던데!

네? 그게 무슨 말씀이세요?

아까 수지라는 학생이 너한테 필요할 거라며 주고 갔어. 그리고….

수지 누나가요?

참, 어린이 야구 대회에서 우승하면 다시 찾으러 온다고 전해 주세요.

그… 그래!

다시 찾으러 온다고?

스윽

불쑥

헐, 햄스터잖아!

어머, 그렇잖아도 엄마도 애완동물을 사 주려고 했는데 잘됐다.

뽀옹

어휴, 햄스터가 나한테 왜 필요하다고….

그래도 믿고 맡긴 사람의 마음을 생각해서 정성껏 키워.

초롱~

초롱~

에이, 강아지라면 같이 산책도 하고 공 물어오는 놀이도 할 수 있지만 이런 햄스터랑 뭘 하라고….

대화를 하면 되지.

그래, 대화라면…!

하하

헉! 방금 누가 말을 한 거지?

깜짝

하하, 누구기는…. 바로 네 앞에 있는 나지.

으, 안되겠다. 햄스터가 말하는 것처럼 보이고…. 오늘은 일단 쉬고 내일 병원에 가 봐야지.

헐~

네가 잘못 본 게 아니야. 난 진짜 말을 할 수 있어!

번쩍

1컷: 난 수지 아빠가 만든 심리 치료 로봇이야. 풀짝

2컷: 심리 치료 로봇? / 응. 수지가 네가 걱정된다며 나보고 널 도와주라고 해서…

3컷: 그러니까 네 고민을 털어놔 봐. 내가 말끔히 해결해 줄게.

4컷: 네가 나를 돕는다고? 어떻게? / 네 마음의 병을 치료해서 우울함이 없어지게 할 거야.

5컷: 병을 치료해? 헤헤, 웃겨! 아무리 로봇이라지만 그 작은 몸으로 어디 주사기라도 들 수 있겠냐? 쿡쿡

6컷: 마음의 병은 주사기 같은 걸로 꼭 치료해야 하는 건 아니야. / 그럼 어떻게 치료하는데?

7컷: 엥? 이 약을 먹으라고? / 일단 이 알약부터 먹어. 그러면 알게 돼! 슈—

8컷: 좋아. 일단 믿어 볼게.

9컷: 앗, 먹자마자 몸이 이상해! 휘리리릭

마음이란?

여… 여기가 어디야? 어둡고 답답해. 날 대체 어떻게 한 거야?

뭐? 내 마음속?

그래.

여긴 바로 네 마음속이야.

어둡고 답답한 건 지금 네 마음에 절망과 두려움이 가득 차 있다는 증거야.

이리로 와 봐!

저게 요즘 네 마음의 모습이야.

아…!

너무 초라해.

쪼글쪼글

네 스스로 너를 초라하게 생각하니까 그렇지.

마음을 멋지게 바꾸고 싶다면, 마음이 무엇인지부터 살펴보자고!

팟—

딱

마음?

고대 그리스의 철학자 소크라테스와 그의 제자 플라톤은 마음과 몸에 대해 다음과 같이 설명했다.

마음은 태어날 때부터 생겨나는 것이며 몸과 분리될 수 있다!

플라톤

소크라테스

그러니까 스승님 말씀은 몸은 죽어도 마음은 남아 있다는 뜻이지요?

그런데 철학자 아리스토텔레스는 그들과는 다른 의견을 펼쳤다.

아닙니다. 몸과 마음은 하나이며, 마음은 경험을 통해 성장합니다.

아리스토텔레스

그 후 2천 년 동안은 별다른 의견이 없다가 17세기에 몇몇 학자가 실험과 관찰, 경험 등 과학적인 방법으로 인간의 마음에 대한 새로운 이론들을 제시했다.

인간의 마음은 몸과는 철저히 분리된 별개의 존재야.

르네 데카르트
(1595~1650년)
프랑스의 수학자·철학자

인간의 마음은 어떤 경험을 하는가에 따라 달라지지.

프랜시스 베이컨
(1561~1626년)
영국의 철학자·정치가

태어날 때 마음은 백지와 같아서 경험에 따라 얼마든지 다양하게 바뀔 수 있어.

존 로크
(1632~1704년)
영국의 철학자·정치 사상가

* 소크라테스(?기원전 470~기원전 399년) : 문답을 통하여 상대의 무지를 깨닫게 하고, 시민의 도덕의식을 개혁하는 일에 힘씀
* 플라톤(?기원전 428~?기원전 347년) : 소크라테스의 제자로, 아카데미를 개설하여 교육에 일생을 바침. 철학자가 통치하는 이상 국가의 사상을 주장함
* 아리스토텔레스(기원전 384~기원전 322년) : 고대에 있어서 최대의 학문적 체계를 세웠고, 중세의 스콜라 철학을 비롯하여 후세의 학문에 큰 영향을 줌

아, 복잡해. 그러니까 결론이 뭐야?

어질 어질

결론은 '인간의 마음은 무엇이다'라고 한마디로 정의 내리기 어렵다는 거지.

뭐야?

하지만 지금까지의 연구 결과로 보면 '마음은 살면서 스스로 만들어 가는 것'이라는 의견이 지배적이야.

이 의견은 똑같은 유전자를 지닌 일란성 쌍둥이의 취미 활동이나 소망 등이 똑같지 않은 것만 봐도 알 수 있다.

내 쌍둥이 형은 골프를, 나는 복싱을 좋아해.

그러니까 네 마음도 너의 노력과 의지에 따라 충분히 바뀔 수 있다는 얘기야.

아….

네 말을 들으니까 늘 자신감 있던 나로 다시 돌아가고 싶어.

후후.

어, 내 마음의 모습이 많이 탱탱해졌는데?

네 기분이 풀리면서 마음도 조금씩 안정을 찾고 있어서 그런 거야.

탱 탱

마음을 연구하는 심리학

아, 몸이 한결 가벼워진 것 같아.

그게 다 마음 상태에 따라서 생기는 변화야.

신기해.

나 사람의 마음에 대해 더 자세히 알고 싶어.

하하, 바로 그런 호기심 때문에 심리학이 생겨난 거야.

사람들은 오래전부터 자신의 생각과 감정, 행동은 어디에서 오는 것인지 궁금해했다.

우리는 어디서 온 걸까?

화는 왜 나는 거지?

가슴은 왜 두근거릴까?

하지만 '마음'은 형태가 있는 것이 아니어서 연구를 한다는 건 정말 어려운 일이었다.

아… 마음이 도대체 뭐지?

그만 고민해. 그건 신만이 알고 있을 거야.

*심리학 : 사람의 의식과 행동이 일어나는 과정에 대한 과학적 연구

그러다 1879년, 빌헬름 분트가 인간의 마음을 눈으로 볼 수 있는 상태, 즉 '행동'을 연구 대상으로 삼으면서 최초의 심리학 실험실을 세웠다.

인간의 마음도 실험을 통해 연구할 수 있다.

그 후로 심리학은 마음의 구조와 기능 등으로 나뉘어 연구됐어.

오!

그러다 1920년대 후반부터 파블로프, 프로이트, 스키너 등을 통해서 더욱 발전했지.

인간의 행동은 학습의 결과로 학습을 일으키는 조건을 밝힐 수 있다.

인간의 마음속에는 깨어 있을 때는 의식하지 못하는 '무의식'이 있어.

인간의 행동은 보상과 처벌, 결과로 이어지며, 그래서 모든 행동은 예측과 통제가 가능해.

이반 파블로프
(1849~1936년)
제정 러시아의 생리학자

지그문트 프로이트
(1856~1939년)
오스트리아의 심리학자·신경과 의사

버러스 프레더릭 스키너
(1904~1990년)
미국의 심리학자

하지만 현대에는 심리학을 어떤 사람의 관찰 가능한 행동뿐만 아니라 그 사람의 생각과 감정까지 포함해서 과학적으로 연구하는 학문으로 정의해.

그러기 위해서 심리학자들은 '생물·심리·사회적 접근'을 해야 한다고 말해.

생물·심리·사회적 접근?

풀짝

24　※ 빌헬름 분트(1832~1920년) : 독일의 심리학자·철학자. 실험 심리학 분야를 개척하고 진화론적 철학 세계를 수립함
　　※ 무의식 : 우리가 스스로 알아차리지 못하는 의식의 상태. 억압된 충동이나 욕구, 감정, 기억 등이 들어 있음

생물 · 심리 · 사회적 접근

어떤 현상이 왜 일어났는지 살펴보면 여러 요인이 연관되어 있다. 이때 일어난 현상에 대해 생물학적, 심리학적 그리고 사회 문화적으로 분석하고 다시 이 분석들을 함께 아우르며 적용하면 보다 완벽하게 이해할 수 있다.

생물학적 영향
- 유전적 성향
- 유전적 변이
- 환경에 대한 유전자 반응
- 등

심리학적 영향
- 정서 반응
- 과거 경험
- 인지 과정과 지각적 해석
- 등

사회·문화적 영향
- 다른 사람의 존재
- 문화적, 사회적, 가족의 기대
- 또래와 집단의 영향
- 등

음, 모두 합쳐서 보면 완벽하겠네.

완벽하다고는 못하지만 각각 중요한 요소이긴 해.

참, 심리학은 여러 분야로 나뉘어 다양하게 연구되고 있어.

심리학의 종류

발달 심리학 — 인간의 일생을 통한 신체적·인지적·사회적 변화를 연구함

산업 심리학 — 산업 현장에서 일어나는 작업 능률과 소비자 행동 등을 연구함

인지 심리학 — 인간의 마음이 어떻게 환경을 인지하고 지식을 갖게 되며 그러한 지식을 어떻게 활용해 삶에서 일어나는 각종의 과제들을 수행해 내는지를 다룸

사회 심리학 — 인간이 상호 간에 어떻게 생각하고 영향을 미치는지를 연구함

임상 심리학 — 심리 장애를 가지고 있는 사람을 관찰·연구하고 평가하며 치료함

생물 심리학 — 생물학과 행동 간의 연계에 관심을 가짐

또한 심리학은 의학·수학·철학·예술 등과도 연결돼 영향을 미치고 있어.

으, 어려워!

당연히 어렵지. 자, 오늘은 여기까지 할 테니 그만 푹 쉬어.

*심리학의 종류는 위 내용 말고도 교육 심리학, 범죄 심리학, 건강 심리학, 성격 심리학, 상담 심리학, 아동 심리학 등 굉장히 포괄적이고 다양함

엄지와의 만남

우리는 한 팀이다. 시합에서 진 것은 한 개인의 잘못이 아닌 우리 모두의 책임이다. 알았나?

네!

네….

네….

자, 오늘은 타격 훈련을 집중적으로 하겠다. 모두 준비하도록…!

꼼지가 없으니 공은 내가 던져야….

감독님!

쳐억

꼼지!

꼼지야!

좀 나아졌구나! 훈련할 수 있겠니?
네. 근데 운동복을 준비 못했어요.
알았다. 오늘만 특별히 봐주지.
쳇, 다시는 야구 안 할 것처럼 하더니….
그러게. 운동복도 안 갖고 와서 뭘 하겠다고….
저런 말에 일일이 신경 쓸 필요 없다는 거 알지?
으, 응….
슥
자, 바로 훈련을 시작하겠다!
근데 공 가지러 간 녀석은 왜 안 오는 거야?
감독님, 공 가져왔어요! 늦어서 죄송해요!
오잉? 엄지야!
깜짝
엄지?

네가 왜 공 심부름을 하고 있어? 기록원만 해 주면 되는데…!

제가 하고 싶어서 하는 거니까 신경 쓰지 마세요.

오, 보기보다 힘세다!

엄지라고? 예쁘다….

감독님이랑 잘 아나 보네.

야, 왜 멍하니 서 있어! 빨리 가서 공 던져!

내… 내가 왜 이러지?

가슴이 두근두근, 얼굴도 화끈화끈….

두근두근두근

얼굴이 발갛게 달아오른 것 보니 너 엄지한테 반했구나?

헉!

마음이 흥분되면 심장 박동이 빨라져 혈액이 빨리 돌아.

그래서 얼굴도 붉게 변하고 체온도 올라가 땀이 나게 되지.

으, 부끄러워….

꼼지야.

네?

연습이라고 봐주지 말고 최선을 다해 던져. 알았지?

네, 알았습니다!

후후, 그런 말씀 안 하셔도 아주 힘껏 던질 거예요.

천사 같은 엄지에게 내 멋진 모습을 보여 주고 싶거든요.

간다!

오, 꼼지! 자세 좋은데?

| 1번 타자 | 2번 타자 | 3번 타자 |

스트라이크, 아웃!
팡

삼진!
부웅

헛스윙, 아웃!
부웅

중심 타자가 계속 헛스윙만 하면 어떻게 해?

꼼지가 원래 저렇게 잘 던졌나?

죄송해요!

연습이라 꼼지가 저렇게 힘껏 던질 줄 몰랐어요.

찌릿

그건 말도 안 돼! '연습도 실전처럼' 이란 말, 몰라?

깜짝

타석에 선 순간 온 힘을 다해야 하는 건 선수의 기본자세야!

30
　＊ 삼진 : 야구에서 타자가 세 번의 스트라이크로 아웃되는 일
　＊ 헛스윙 : 야구 따위에서 방망이를 잘못 휘둘러서 공을 맞히지 못하는 일

…라고 말씀하시려고 했죠, 감독님? 헤헤.

으응, 그래.

휴, 난 또!

끙, 내 흉내를 내다니….

와, 똑똑한 엄지가 저런 말을 하니까 훨씬 마음에 와 닿아!

킥킥!

네가 엄지를 언제 봤다고 똑똑하다고 단정해?

그야, 딱 보면 알 수 있지. 예쁘고 상냥한데다가 저런 말까지 하니….

후후, 완전히 '후광 효과'에 빠졌군 그래.

후광 효과?

'후광 효과'란 어떤 사람의 외모에서 좋은 인상을 받았을 경우 그 사람의 지능이나 성격 등도 좋게 평가하는 것을 말한다.

소원을 말해 봐!

유나 누나는 노래 말고도 뭐든 다 잘할 거야.

투수, 공 안 던져? 벌써 지친 거야?

아… 아니야. 던질게!

고단수의 등장

며칠 후

뭐야, 한 달 남짓 다닐 학교라지만 이거 너무 초라하잖아?

강성 초등학교

회장님이 특수 영재 초등학교가 개교하기 전까지 조금만 참고 다니시랍니다.

알았어, 알았다고.

앗, 도련님! 조심….

쉬이잉

따악

33

| 먼저 잘못한 게 누군데 도리어 큰소리를 쳐? | 쯧쯧, 손이 발이 되도록 빌어도 모자랄 판에…. 이래서 평민은 안 된다니까…. |

우리가 일부러 그런 게 아니잖아!

평민?

| 콜리야, 나 지금 참아야 하는 거니? | 우리 집사 치료비 청구하기 전에 잘못했다고 어서 빌어. 그러면 너그러이 봐주지. |

어떻게 하는지 좀 더 지켜보자고!

~크릉

쯧쯧, 던져 주는 공을 막대기로 치는 놀이가 뭐 그리 재밌다고 저렇게 땀을 빼고 있는지…. 다들 한심해!

울컥

으, 야구를 얕잡아 보는 건 절대 못 참아!

깜짝

꼼지야, 어쩌려고?

네 눈에 야구가 그렇게 우습게 보여? 그렇다면 내 공을 받아 쳐 봐!

훗.

이 귀하신 몸이 그딴 시시한 공놀이를 할 것 같아?

겁나서 그러지? 하긴 몸쪽으로 시속 100킬로미터의 공이 날아오면 무섭기도 하겠지.

오! 제법 심리전을 쓰는데?

좋아! 내 기꺼이 너의 도전을 받아 주지. 대신 내가 이기면 전부 무릎 꿇고 빌어! 알았어?

꼼지야, 그만둬. 느낌이 안 좋아.

걱정 마. 설마 내가 야구의 '야' 자도 모르는 애한테 지겠어?

그래도 그건 알 수 없는 거잖아….

대신 네가 이기면 너희 야구 장비를 전부 새것으로 바꿔 주는 건 물론 후원금도 내지.

뭐?!

꼼지야, 본때를 보여 줘! 너만 믿을게.

이건 기회야! 네가 이기면 새 장비가 생길지 몰라.

좋아! 승부는 내가 공 열 개를 던져서 네가 안타를 하나라도 치면 네가 이기는 것으로 해.

아니, 됐어!

네가 공 세 개를 던져서 내가 홈런을 하나도 못 치면 네가 이기는 것으로 해!

쟤 혹시 야구해 본 것 아닐까?

에이, 그렇다면 왜 야구를 우습게 보겠어?

아까 공 던지는 거 보니까 운동을 잘하는 것 같은데 괜찮겠어?

쳇

너 절대 후회하기 없기다!

흥, 너나 후회하지 마!

꼼지의 열등감

어? 쟤, 누구야? 처음 보는 애네!

앗, 엄지야!

그, 그게…

어이, 한눈팔지 말고 공에 집중해!

으응, 알았어!

음, 맛보기로 빠른 공을 던져 기를 꺾어 놔야지!

슈욱

파앙

스트라이크!

에이, 큰소리 치더니 꼼짝 못하잖아!

하하, 우리 잘하면 새 글러브 생기겠다.

그러게!

설마 진짜로 주겠어?

딱 홈런 치기 좋은 공인데 그냥 봐준 거야. 조심해!

뭐?

허풍 그만 떨고 이번 공이나 잘 보라고!

슈아아악

파앙

볼!

휴, 공이 밋밋해서 치려고 맘먹었으면 칠 수도 있었을 거야.

38

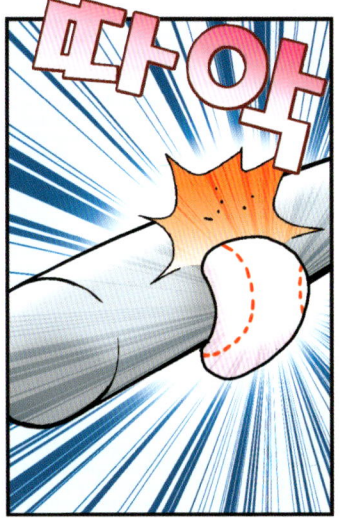

그냥 스트라이크로 해! 어차피 공 세 개로 끝내기로 한 거니까.

흔들 흔들

헉, 이런 굴욕이…!

쟤 심리전을 쓰는 거니까 말려들지 말고 냉정하게 던져!

낮게 던지면 땅볼이 될 확률이 크니까 무조건 낮게 던져.

싫어. 나도 자존심이 있다고! 정면 승부할 거야.

게다가 엄지도 보고 있잖아. 난 여기서 내 진가를 확실히 보여 줄 거야.

자, 마지막 공이다!

우웅~

히히, 걸려 들었다!

부웅

따악

슈웅~

다다다

훌쩍

카-당

홈런이야!

이… 이럴 수가!

흑흑, 야구 장비는 물 건너갔네!

자자, 빨리 모두 무릎 꿇고 싹싹 빌어!

히히~

와, 쟤 대단하다!

헉, 모두 무릎을 꿇어야 하는 거야?

꼼지 때문에 이게 뭔 망신이람?

아유, 꼼지는 왜 꼭 마지막에 홈런을 맞는지 몰라!

너희, 지금 꼼지 탓을 하는 거니? 꼼지는 야구부의 자존심을 지키려고 한 거잖아!

깜짝

어… 엄지야….

엄지 말이 맞긴 해. 쩝!

그리고 너! 네가 얼마나 잘났는지는 모르겠지만 너무 무례한 거 아냐?

오, 당차면서도 귀엽네 내 맘에 쏙 드는걸!

대신 내 홈런은 너한테 바칠게.

깜짝

알았어. 널 봐서 오늘 일은 없던 걸로 할게.

헉

엄지에게 바친다고?

헐, 저런 느끼한 말은 대체 어디서 배웠대?

웅성 웅성

웅성 웅성

일주일 후

웅성 웅성
웅성 웅성

얘들아, 저기 고단수 온다!

어디어디?

우아!

저 차 좀 봐. 정말 근사하다!

척

잘생긴데다가 집도 엄청 잘사나 봐.

딱 내 이상형이야! 완벽해.

두근두근

쿵닥쿵닥

어휴, 하여간 여자애들은….

난 단수란 애, 맘에 안 들어.

끄응

42

근데 단수가 좋아하는 애가 있대. 야구부 엄지 라던데…!

진짜? 햐, 걔는 좋겠다.

웅성 웅성

술렁 술렁

다들 그만해!

벌떡

쾅

깜짝

터벅 터벅

쯧쯧, 꼼지 너 슬슬 '열등감'에 사로잡히는 것 같다…!

열등감?

자신을 남보다 못하거나 무가치한 사람으로 낮춰 평가하는 감정이야. 지금 네 표정을 보니 딱 그래.

듣고 보니 네 말이 맞는 것 같아. 인정하긴 싫지만 단수가 나보다 뭐든 잘난 것처럼 느껴지거든.

내가 잘하는 건 야구밖에 없는데 그마저도 상대가 안 되니….

엄지도 나 같은 애보다는 단수한테 관심을 갖겠지?

어휴, 더는 못 들어 주겠네.

열등감은 살아가면서 누구나 가질 수 있는 감정이야. 감기처럼 말이야.

하지만 열등감은 잘만 이겨 내면 오히려 한 단계 더 성장하는 계기가 될 수 있다.

만날 2등만 해서 이를 악물고 열심히 했더니 이젠 당당히 1등이다!

실제로 베토벤, 링컨, 이순신 같은 위인도 열등감이 있었다고 한다. 하지만 그들은 열등감을 이겨 내 오히려 큰 성공을 이루었다.

난 귀가 잘 안 들려 남모르는 열등감을 가졌어.

난 학교를 제대로 못 다녀 나름 열등감이 있었어.

난 한때 약한 몸 때문에 열등감에 사로잡혔어.

베토벤   링컨   이순신

열등감을 이겨 내기 위해선 자신이 세상에서 오직 하나뿐인 아주 소중한 존재라는 걸 깨달아야 해.

아….

열등감을 이겨 내는 방법

1. 누구에게나 장단점은 있기 때문에 나와 남을 비교하지 않는다.
2. 외적인 모습보다 내적인 모습이 더 가치가 있다고 생각한다.
3. 부족한 부분이 있어 오히려 채워 나갈 수 있는 거라고 기쁘게 생각한다.
4. 열등감은 나를 더욱 발전시키는 계기가 됨을 기억한다.
5. 긍정적인 태도를 가지려고 노력한다.
6. 자신의 단점을 억지로 감추려 하지 않는다.
7. 상대방의 좋은 점은 솔직하게 인정하고 칭찬해 준다.

사람은 누구나 특별하고 소중한 존재야.

* 베토벤(1770~1827년) : 독일의 작곡가. 작품에 9개의 교향곡과 현악 사중주곡 〈라주모브스키〉, 피아노 소나타 〈열정〉, 〈월광〉 등이 있음
* 링컨(1809~1865년) : 미국의 제16대 대통령(재임 1861~1865년). '국민의, 국민에 의한, 국민을 위한 정부'라는 말을 남김
* 이순신(1545~1598년) : 조선 선조 때의 무신으로 거북선을 제작함. 저서에 《난중일기》가 있음

너한테는 단수에게 없는 많은 장점이 있어.

정말?

물론이지. 그러니 열등감은 떨쳐 버리고 네 장점이 뭔지 깊이 생각해 봐.

알았어.

난 더 이상 못 참겠어.

어, 야구부 친구들이네? 뭐하는 거지? 가 보자.

그래서 내 말은….

꼼지가 계속 투수로 뛰는 걸 반대 하자는 거야.

결정적일 때, 꼭 경기를 망쳐 버리잖아. 안 그래?

깜짝

집단의 선택을 따르는 동조 현상

한마디로 꼼지는 에이스 자격이 없어!

그래도 꼼지만큼 공을 잘 던지는 애도 없잖아.

뭐야, 내 흉을 보고 있잖아!

쉿, 진정하고 좀 더 들어 봐!

그러면 끝까지 잘 던져야지. 만날 9회에 역전이나 당하고…. 승부 근성이 너무 부족해.

게다가 시합에 졌다고 며칠씩 훈련에 빠지는 건 또 뭐야?

끙, 그건 할 말 없다….

난 감독님한테 우리 팀 투수를 바꾸자고 할 거야!

깜짝

* 에이스 : 야구에서 팀의 주전 투수를 이르는 말

| 넌 어때? | 나도 기진이 말이 맞다고 생각해. | 넌 내 말이 틀리다고 생각하는 거야? | 아, 아냐! |

그럼 다같이 가자.

감독님이 어디 계신지 빨리 찾아보자.

더그아웃부터 가 보자!

다 다 다 다

기진이야 원래 나를 못마땅해 했으니까 그런다지만 다른 친구들까지 날 싫어하는지 몰랐어.

내가 보기에 다른 친구들은 그냥 기진이 말에 '동조'를 한 것 뿐이야!

동조란 자신의 행동이나 생각을 다른 사람들이 하는 행동이나 결정에 따르는 것을 말한다.

어, 저 위에 뭐가 있나?

충격적이겠지만 속상해하지 마.

* 더그아웃(dugout) : 야구장의 선수 대기석. 평지를 파서 만든 것으로 일루 쪽과 삼루 쪽의 두 군데에 있음

심리학자 솔로몬 애쉬는 길이가 다른 선분으로 동조 실험을 했다.

비교 선분 A, B, C 중에서 표준 선분과 길이가 같은 것은?

표준 선분   비교 선분
A B C

실험 과정은 먼저 다른 실험 협조자들에게 미리 똑같이 틀린 답을 말하도록 지시한 후,

C요!
C가 정답이에요!
C가 같아요!

실험 대상자에게도 답을 말하도록 요청했다.

피터는 어떤 게 정답 같아요?

어, 정답은 B인데 왜 다들 C라고 하지? 내가 잘못 봤나?

실험 대상자

이 실험으로 애쉬는 실험 참가자 중 3분의 1 이상이 다른 사람의 생각에 동조하는 태도를 보인다고 보고했다.

아, 저도 C가 정답 같아요!

이는 대부분의 사람들이 집단이 하는 행동이나 선택에 따르게 되는 심리가 있음을 보여 준다. 이를 '동조 현상'이라고 한다.

우리 떡볶이 사 먹을래?
좋아!
나도나도.
끙. 떡라면 먹자고 하면 싫어하겠지?

집단생활에서 다른 사람들의 의견이 모두 같을 때, 나만 혼자 반대하는 건 쉽지 않아.

그건 그래.

*솔로몬 애쉬(1907~1996년) : 폴란드 출신의 미국 심리학자

동조 현상은 몇 가지 조건이 있을 때 더 커져.

?

동조 현상이 커지는 조건

집단에 최소한 세 명이 존재할 때

집단의 의견이 모두 같을 때

우리도 따라서자!

집단이 미리 어떤 반응을 할 것인지를 정하지 않았을 때

문화가 사회적 기준을 따르도록 강력하게 요구할 때

그러니까 기진이는 지금 미리 자기 편을 만든 후,

또 다른 친구들도 동조 하게끔 하려는 거야.

투수를 바꾸자!

난 찬성!

나도.

진짜 네 말대로 모두가 날 진심으로 싫어하는 건 아니였음 좋겠다.

걱정 마.

학교에서의 집단 따돌림도 동조 현상 때문인 경우가 많다.

미안해. 널 도와주고 싶지만 그랬다간 나도 따돌림 당할 것 같아서….

난 어떤 경우에도 옳지 않다고 생각하는 일에는 절대 동조하지 않을 거야!

그, 그래.

"모두가 너 같은 마음으로 행동하면 좋겠지만 사람들이 다 너 같지는 않아."

"그런가?"

집단 따돌림처럼 잘못된 동조 현상을 보이는 집단은 간혹 난폭한 행동을 하기도 한다.

"모두 때려 부수자!"

"모조리 엎어 버리자!"

군중 심리

많은 사람이 모여 있을 때, 자제력을 잃고 흥분한 한 사람한테 다른 사람들이 동조되어 함께 행동하는 일시적이고 특수한 심리 상태를 뜻한다. 흔히 자기 집단의 이익을 원하는 경우가 많기 때문에 폭력적이고 남을 배척하는 모습을 보인다.

경기장에 뛰어든 군중

"이렇게 집단에서 난폭한 행동을 하는 건 '군중 심리'의 영향이 커."

"군중 심리?"

"이렇게 흥분된 집단 속에서 자신의 억제력을 잃는 것을 '몰개인화'라고도 해."

"그렇군."

"그나저나 이러다 나 진짜 팀에서 쫓겨나면 어쩌지? 솔직히 좀 불안해."

"지금 네 기분을 알 것 같아. 원래 소속감이 클수록 그런 마음은 더 드니까!"

※ 군중 : 한곳에 모인 많은 사람
※ 몰개인화 : 어떤 행위를 한 사람이 누구인지 드러나지 않는 흥분된 집단 상황에서 자각과 자기 억제를 잃는 현상

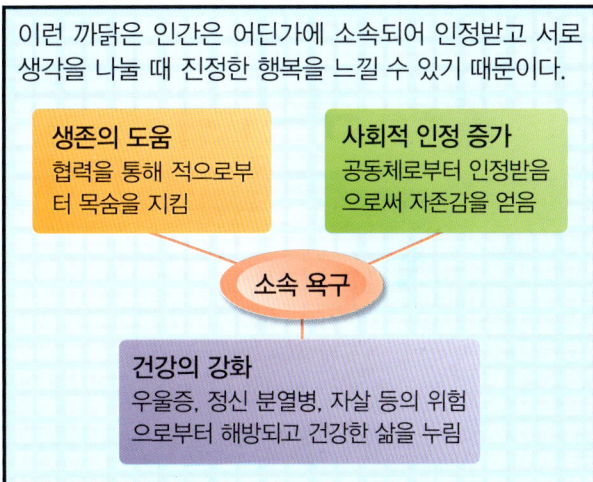

아리스토텔레스가 "인간은 사회적 동물이다"라고 말한 것처럼 인간은 공동체에 속하고 싶은 강한 충동을 가지고 있다.

인간은 혼자서는 못 산다!

아리스토텔레스

이런 까닭은 인간은 어딘가에 소속되어 인정받고 서로 생각을 나눌 때 진정한 행복을 느낄 수 있기 때문이다.

생존의 도움
협력을 통해 적으로부터 목숨을 지킴

사회적 인정 증가
공동체로부터 인정받음으로써 자존감을 얻음

소속 욕구

건강의 강화
우울증, 정신 분열병, 자살 등의 위험으로부터 해방되고 건강한 삶을 누림

그래서 공동체로부터 쫓겨났을 때 느끼는 고통은 매우 커서 회복이 무척 어렵다. 때로는 위험한 상황까지 이르기도 한다.

당신은 OO 길드로부터 강제 퇴장을 당했습니다.

흑흑, 더 이상 살아갈 의욕이 없어.

넌 불안해하지 마. 누구보다 널 아끼고 믿는 분이 있잖아!

아, 맞아. 난 감독님을 믿어.

아까부터 왜 다들 꿀 먹은 벙어리처럼 서 있냐? 할 말 있으면 어디 해 봐!

으, 방망이 휘두르는 모습이 심상치 않아.

기진아, 지금은 말할 분위기가 아니야!

….

맞아, 그냥 가는 게 좋겠어.

붕 붕 붕

꿈과 무의식

여기서 안타가 나오면 백두 초등학교가 역전승하게 됩니다. 과연 꼼지 투수가 이 위기를 넘길 수 있을지….

9회 말,
주자 2, 3루 상황

	강성	백두
	4	3

아, 정신 똑바로 차려야 해. 저번처럼 흔들려선 안 돼.

난 달라졌어. 연습도 많이 했잖아. 그래, 공 하나하나에 최선을 다하면 돼!

스윽

찌릿

앗, 갑자기 꼼지 투수가 주저앉네요! 팔꿈치를 부여잡고 있습니다.

털썩
데구루루

의료진이 들어갔습니다!

음, 더는 무리예요!

아, 의사가 고개를 젓네요. 부상이 꽤 심각한가 봅니다.

절레절레

의사 선생님, 어떻습니까?

일단 병원에 가서 정밀 검사를 해 봐야 알 것 같습니다.

욱신욱신

지금 판단으로는 더 이상 공을 던지는 건 무리입니다.

!

안 돼!

벌떡

...

으하암, 무슨 일이야?

후유, 꿈이었구나. 아, 정말 현실 같았어.

나 악몽을 꿨어. 경기 중에 팔을 다쳐서 경기를 또 망쳐 버렸어.

저런.

생각보다 스트레스가 심하네. 악몽까지 다 꾸고….

정말이지 이런 꿈은 다시 꾸고 싶지 않아.

끄응

악몽이라고 해서 꼭 나쁜 것만은 아니야. 프로이트는 꿈을 '인간이 바라는 것을 이루는 수단'이라고 했어. 그러니 단순한 악몽이 아닐지도 몰라.

지그문트 프로이트(1856~1939년)
오스트리아의 신경과 의사이자 심리학자로, 정신 분석학의 창시자이다. 그는 수많은 임상 관찰을 통해 사람의 의식 수준을 구분했다. 특히 어떤 사람이 특정한 상황을 평소에 기억 못하지만 꿈이나 최면에서 과거의 경험을 떠올리는 걸 보고 사람에게는 '무의식' 영역이 있다고 보았다. 이런 무의식을 연구하고 해석하기 위해 그는 꿈을 연구했다.

인간이 일상생활에서 무심코 하는 습관적인 행동은 무의식에서 이루어지는 경우가 많다.

책 읽는 사이에 무의식적으로 여러 행동을 하고 있었군.

이처럼 무의식은 인간의 행동을 지배하고 있기 때문에 프로이트는 무의식을 이해하기 위해 꿈 분석을 시도했다.

아, 이 사람 꿈속으로 들어가 볼 수만 있다면…

프로이트의 꿈 분석

프로이트는 억눌린 욕구나 소망 등 무의식이 꿈에서 다른 모습으로 나타나는 이유에 대해, 무의식은 현실에서 받아들일 수 없어 억누른 것이므로 꿈에서도 있는 그대로 나타나지는 않는다고 보았다.

그는 꿈의 내용을 꿈에서 일어난 '사건'과 그런 사건들의 숨겨진 '상징적 의미', 이렇게 두 가지 측면으로 구분했다. 또한 꿈에서 나타난 상징의 숨겨진 의미를 성적 충동과 관련지었다. 예를 들어 양초나 뱀 등은 남자의 성기를, 상자, 문 등은 여성의 몸을 상징한다고 보았다.

이런 내용을 담고 있는 책이 프로이트가 1899년에 출간한 《꿈의 해석》이다.

《꿈의 해석》 독일어판 원서

또한 프로이트는 인간의 마음을 빙산에 비유하며 설명했어.

그는 '의식'은 수면 위로 보이는 빙산의 일각일 뿐이고 수면 아래에 훨씬 큰 '무의식'이 자리잡고 있다고 표현했다.

의식

전의식(수면)
(의식 밖에 있지만 의식 상태로 접근 가능함)

무의식

어쨌든 사람은 무의식에 이르는 통로인 꿈을 통해 평소에 자기가 하고 싶었던 것을 충족하기도 하지.

* 프로이트는 의식과 무의식 사이에 전의식 영역이 있으며, 아울러 우리가 자각하지 못하는 사고, 소망, 감정, 기억 등이 일시적으로 전의식 영역에 저장된다고 설명했음

하지만 때론 평소에 쌓인 불만이나 불안감, 스트레스가 꿈에 반영돼 악몽을 꾸기도 하지.

으으, 팔, 팔이….

네가 그런 꿈을 꾼 건, 현실 속에서 소중한 것을 잃을지 모른다는 불안감이 나타난 것일 수 있어.

그렇다고 너무 신경 쓰지는 마. 꿈에 대한 이론은 증거가 없는 하나의 가설이니까…!

근데 나 진짜 아파!

꿈에서 다친 곳이 진짜로 욱신욱신 거린다고!

에이, 자다가 조금 눌렸겠지.

아니야! 눌려서 아픈 게 아니라고!

아, 팔이 잘못된 거면 어쩌지? 꿈이 현실이 되면 어떡해!

흠…

이거 큰일이군. 자칫 꼼지의 불안한 마음에 몸이 지배당할 수도 있겠어.

맹물도 약이 된다 – 플라시보 효과

아야!

선생님, 왜 이렇게 팔이 아프죠? 혹시 야구를 못하게 되는 건가요?

이상하다! 별 증상이 없는데…. 왜 자꾸 아프다는 거지?

꾀병은 아닌 것 같고!

의사의 표정을 보니 역시 팔에 문제가 있는 건 아닌 듯해.

그렇다면 내가 나서야지!

욱!

쿡쿡쿡

지금 증상은 간단한 약물치료로 금방 나을 수 있으니 걱정 마세요.

쿨~

57

학생의 증상은 운동선수라면 가끔 나타나는 거예요.
그러니까 별거 아니란 말씀이죠?
네. 내 뒤에 있는 약을 가져가 마셔요. 아픔이 싹 가실 겁니다.
콜리가 가져다 놓은 영양제
정말요?
어서 가져가서 마셔요.
아, 네!
바로 뒤에 있는데 전해 주시지…
이걸 마시면 낫는단 말이지? 그렇담 빨리 마셔야지.
꿀꺽 꿀꺽
와, 신기해요. 정말 팔이 하나도 안 아파요!
휙 휙 휙 휙
앞으로는 그런 증상은 일어나지 않을 테니 돌아가 맘껏 훈련하도록 하세요.
정말 감사합니다!
휙

근데 선생님, 왜 눈을 감고 계세요?

전 지금 학생에게 최대한 집중하려고 일부러 눈을 감고 있는 겁니다.

하하, 정말 특이 하시네.

와, 그 의사 선생님, 진짜 대단한 것 같아! 하나도 안 아파.

잘됐다. 그래서 기분이 좋아?

저렇게 좋아하니 사실을 말하지 말까? 아냐, 꼼지를 위해서 사실대로 말해 주는 게 옳아.

아자 아자

좋고말고. 나 솔직히 야구 못하게 될까 봐 엄청 걱정했거든.

꼼지야, 병원에서 마신 약, 사실 그냥 비타민 음료였어.

웩

네가 혹시 심리적인 영향으로 아픈 게 아닐까 싶어서 내가 준비해 간 거야.

말도 안 돼!

난 분명 그 약을 먹고 금방 아픔이 가셨단 말이야!

처음엔 나도 네가 하도 아프다고 해서 뼈에 금이 갔나 하고 걱정했어.

하지만 검사 결과를 보니 역시 넌 심리적인 이유였지. 지금은 마음이 치료돼 아픔이 가신 거야.

정말?

자신이 심각한 병에 걸렸다고 생각하는 사람은 의사의 어떠한 처방도 믿으려 하지 않는다.

지금 제 증상은 돌아가신 아버지의 증상과 똑같단 말이에요.

어허, 환자분은 그냥 감기에 걸린 것뿐이에요.

그러다 결국 심각한 상태에 이르기도 한다.

거봐요. 제 말이 맞잖아요….

쯧쯧, 당신은 스스로 병을 키운 거예요.

반대로 긍정적인 환자는 의사가 영양제를 주면서 '병이 낫는 약'이라고 하면

제가 드린 약을 꾸준히 드시면 싹 나을 겁니다.

와, 정말요?

진짜로 병이 낫기도 한다. 이것을 '플라시보 효과' 또는 '위약 효과'라고 한다.

햐, 머리카락도 잘 자라고 피부도 좋아졌네요?

3개월 후

이런 현상이 일어나는 까닭은 신체의 병이 마음과도 관련 있다는 뜻이야.

아.

연구 결과에 따르면, 플라시보 효과로 인해 환자의 병이 낫는 비율이 30퍼센트 정도라고 한다. 플라시보 효과의 연구는 지금도 활발히 진행되고 있다.

"선생님이 주신 약 덕분에 한결 좋아졌어요."

"환자분의 의지가 강해서 그래요."

'사실 그 약은 영양제인데…'

"그럼 나도 실제로는 아무 이상이 없었다는 거야?"

"그래! 한마디로 네 스스로 병을 만들고 키운 거지."

어떤 심리학자는 심리와 건강과의 관계를 알아보려고 한 가지 실험을 했다. 대학생들의 피부에 작은 상처를 내고 회복 상태를 확인하는 실험이었다.

"이 실험으로 평소와는 다르게 중요한 시험을 앞둔 학생들의 상처는 40퍼센트나 느리게 아문다는 걸 알았지."

"아, 그러니까 스트레스를 받으면 상처도 느리게 회복된다는 거네!"

"그래. 또 다른 실험을 통해서도 스트레스는 사람의 면역을 약하게 만들 수 있다는 사실을 알게 됐어."

스트레스가 많은 참가자 47%
스트레스가 없는 참가자 27%
〈감기 바이러스를 준 결과 감염률〉

아울러 스트레스는 면역 기능을 억눌러 에이즈, 암 등 큰 병의 진행 속도도 빠르게 진행시킨다고 밝혔다.

"하지만 적당한 스트레스는 오히려 삶의 활력소가 되기도 해!"

"엥? 그게 무슨 소리야?"

스트레스를 지배하라

지금까지 스트레스를 받으면 아픈 것도 늦게 낫는댔잖아!

흥분하지 말고 들어. 먼저 '스트레스'가 정확히 무엇인지부터 알려 줄게!

스트레스를 처음 정의한 사람은 오스트리아 출생의 캐나다 의학자 '한스 셀리에'였다.

스트레스란 한마디로 '불편함을 느끼는 것'이죠.

한스 셀리에
(1907~1982년)

스트레스는 적응하기 어려운 환경에 처할 때 느끼는 심리적·신체적 긴장 상태를 뜻한다.

크아앙! 밥이 코앞에 있는데 닿지가 않아.

깽 깽

스트레스는 무리한 신체 활동이나 정신적인 압박이 클 때 주로 발생하지만,

헉 헉 헉

열 바퀴 남았다. 모두 힘내라!

때로는 결혼이나 승진 같은 긍정적인 일에도 발생한다. 따라서 스트레스는 꼭 나쁜 것만은 아니다.

팡 팡 팡

하지만 스트레스가 많이 쌓이면 사람에 따라서 없던 병이 생길 수도 있어.

끙 끙 끄응~

도대체 스트레스가 좋다는 거야, 나쁘다는 거야?

아유, 성격도 급하네!

스트레스는 많이 쌓이면 문제가 되는 거고, 적당하면 괜찮다는 얘기야.

두 상자에 각각 쥐를 넣고, 먹이를 잘 넣어 주며 실험을 했어.

A   B

이때 한쪽 쥐에게만 하루에 한 번씩 고양이 울음소리를 들려줬지.

A   B   야옹 야옹

과연 어느 쪽 쥐가 더 건강하게 오래 살았을까?

그야, 고양이 울음소리를 듣지 않은 쥐겠지.

땡! 고양이 울음소리를 들은 쥐가 더 오래 살았어.

엥? 정말?

깜짝

쥐가 온종일 고양이 울음소리에 공포에 떨며 스트레스를 받았다면 금방 죽었을 것이다.

아, 더 이상 못 살겠네….

끌까닥

하지만 하루에 한 번 정도의 고양이 울음소리는 오히려 쥐를 단련시켜서

좋곳 야옹~

음, 오늘도 또 왔네.

그 환경에 적응하게 만들었다.

찍 찍

고양이 소리가 날 때만 정신 바짝 차리면 돼. 오히려 고양이 울음소리가 날 긴장시키니까 좋은데…?

63

반면 매우 편하게 먹고 산 쥐는 점차 신체 기능이 떨어져 일찍 죽었다.

만날 먹고 잠만 자니까 지겨워. 아, 이젠 먹는 것도 귀찮아.

이 효과는 실험으로 증명된 거야.

음, 그래서….

사람 손에서 길러진 야생 동물은 야생으로 돌아가도 제대로 살아가지 못한다는 거구나!

쟤 시자, 맞아?

나 엄마 보고 싶어…. 흑흑!

그렇지. 사람은 시련을 통해 강해진다는 말이 있어.

난 강해질 거야!

쿠오오오

고단수, 기다려! 네게 짓밟힌 자존심을 반드시 되찾을 테니까!

오!

그때는 엄지가 나를 아주 멋지게 생각하겠지?

꼼지야, 참 멋지다!

끙, 무슨 상상을 하는지 알겠다!

아, 이러고 있을 때가 아니야. 빨리 연습하러 가야지.

다다다

오늘은 늦었으니 내일 해…!

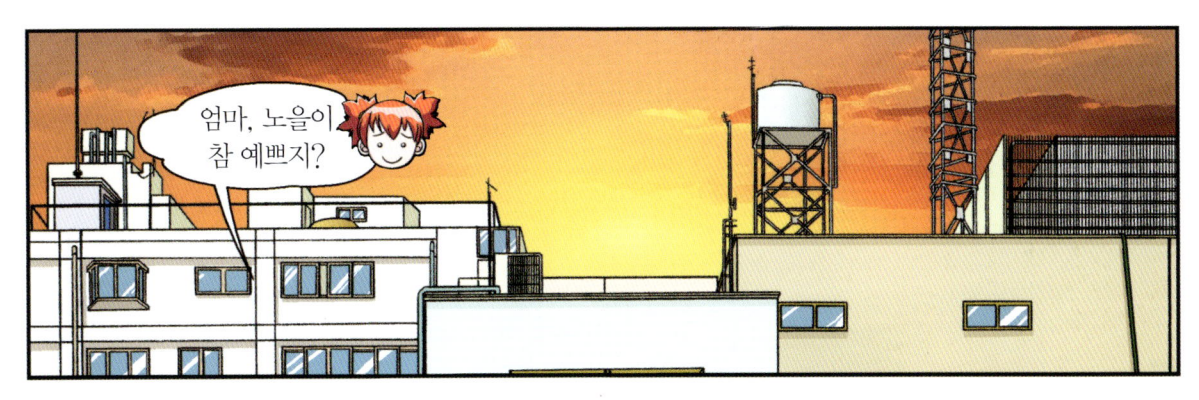

어, 시계가 어디 갔지?

방에 있겠지.

아, 생각났다! 낮에 병원 화장실에다 놓고 왔어!

아유, 병원까지 가려면 따로 운동은 안 해도 되겠네!

탁탁탁

엄마, 노을이 참 예쁘지?

엄마랑 손잡고 저녁노을 보며 산책 많이 했었는데…. 엄마가 빨리 나아서 그때처럼 산책 다니면 좋겠어.

이죽이죽

엄마, 바람이 차니까 그만 들어가요.

헤헤헤

어?

엄지야,
안녕?
오, 이게
웬 행운이람?
앗, 꼼지야….
어, 이분은 누구셔?
엄지 친구다. 엄지
친구 왔다, 헤헤.
덥석
어… 어, 나 지금
봉사 활동하고 있는 거야.
이 아줌마를 잠깐씩
돌보고 있어….
아줌마….
그렇구나.
흠….
너 정말 착하다!
야구부도 도와주면서
이렇게 좋은 일도 하고….
조… 좋은
일은 무슨…!

| 엄지 친구다, 친구! | 꼬, 꼼지야, 그만 갈게! | 엄지야! |

털털

| 나도 너랑 같이 봉사 활동하고 싶은데…. 같이해도 될까? | 물… 물론이지. 그럼 이번 주말에 보육원에 같이 가자! 나 먼저 갈게. 잘 가! |

야호!

탁탁

| 엄지 친구 갔다! 친구 갔다. | 미안해요, 엄마! |

흑흑

울먹

엄마…

칭찬의 효과 – 조작적 조건 형성

다들 착하고 순해서 돌보기 어렵진 않을 거예요.

자! 그럼 가장 쉬운 청소부터 시작해 볼까요?

엥? 청소가 가장 쉽다고?

헉...

아가야, 청소하고 업어 줄 테니 조금만 기다려.

엄지와의 첫 데이트인데 이게 뭐람, 히잉!

~훌쩍

따악

야, 이게 무슨 짓이야?

후다닥

와아앙

어머?

메롱!

툭

아이고!

팍

와장창

은수야, 너 자꾸 말썽 피우면 혼난다!	쟤는 꽤 말썽꾸러기인가 보네요?
메롱~	우리 보육원에서 가장 악동이에요.
내가 보기엔 애정을 많이 못 받고 자라서 관심을 끌려고 저러는 것 같아.	야, 너 언제 따라왔어! 내가 분명 상자를 잠가 놨는데….
헉! 불쑥	하하, 그 정도론 날 못 가두지!
내가 아이들 돌보는 방법을 가르쳐 줄 테니 이번 기회에 엄지한테 잘 보여 봐. 땡큐!	사람은 누구나 강한 욕구를 가지고 있다. 욕구 중에는 식욕처럼 기본적인 것도 있지만, 가짜 젖꼭지 싫어! 진짜 엄마 젖 줘. 응아 응아	사랑받고 싶어하는 마음도 포함된다. 에구, 엄마 힘들어. 싫어싫어, 업어 달란 말이야!

많은 심리학자는 유아·아동기가 매우 중요하다고 말해. 성격 형성이 이루어지는 시기이기 때문이지.

아이의 성격 형성은 부모님이나 선생님, 친구들을 통해 이루어져.

여기 아이들은 부모님의 영향은 크지 않겠네.

유아일수록 부모의 영향이 크다. 이때의 아이들은 불안을 느끼면 부모에게 달려가 사랑과 안전의 욕구를 채운다.

오, 우리 아기, 사랑해요!

엄마, 아빠! 안아 줘.

하지만 간혹 부모의 사랑을 받지 못한 아이는 불완전한 감정이 그대로 성격으로 자리 잡게 된다.

난 다 필요 없어!

이곳 아이들은 아무래도 온전히 부모의 사랑을 받은 아이보다는 불안을 느낄 수도 있을 거야.

아얏!

탁

컥!

아야야!

꽉 꽉

이게 누구 머릴 잡아?

꼼지야, 안 돼!

콰 앙

* 유아·아동기 : 심리학자마다 기준이 다른데 이 책에서는 만 1~14세의 아이를 가리킴

네가 함부로 힘을 쓰면 그 아이도 그대로 따라할지 몰라!

후다닥

은수야!

엄지야, 미안해. 순간 화가 나서 나도 모르게 그만….

나한테 미안해 할 건 없어!

어린아이들 앞에서는 폭력을 쓰면 안 돼! 아이들은 다른 사람의 행동을 쉽게 따라하는 경향이 있거든.

실제로 지붕 위에서 뛰어내리는 슈퍼맨 흉내를 내다가 목숨을 잃은 아이도 있다.

나는 슈퍼맨~!

위험해! 어서 내려와!

또 프로 레슬링 선수를 따라 하다가 크게 다친 아이들도 많다.

빨리 항복해!

켁!

어린 시절에는 긍정적인 '관찰 학습'이 이루어지도록 해야 해.

어린아이들은 호기심은 많은데 이해력이 떨어져 장난도 진지하게 받아들일 수 있기 때문에 조심해야 해.

알았어.

관찰 학습

어린아이는 다른 사람을 관찰하고 흉내를 낸다. 따라서 긍정적인 모습을 보여 주면 긍정적인 관찰 학습이 이루어질 수 있다.

나도 착한 일을 해야지.

엄마가 책을 읽고 계시네! 나도 책을 읽을까?

모범이 되는 사람들이 등장하는 프로그램을 보여 준다.

가르치는 사람이 먼저 솔선수범해야 한다.

어, 쟤 또 못된 짓하는데 그냥 내버려 둬?

왜 달려가서 또 윽박지르게? 그러면 안 된다니까….

그럼 무조건 받아 주고 달래야 한다는 거야?

물론 그건 아니지. 잘못된 행동은 분명하게 일러 주는 게 좋아.

하지만 우선 '조작적 조건 형성'으로 이끌어 보는 게 좋을 듯해!

조작적 조건 형성?

조작적 조건 형성

어떤 사람이 특정 행동을 했을 때 환경으로부터 보상을 받으면 그 사람은 그 행동을 더 하고, 반대로 환경으로부터 처벌이 뒤따르면 그 행동을 그만두는 유형의 학습을 말한다. 특히 부모와 아이 사이에서는 다음과 같은 조작적 조건 형성이 이루어질 수 있다.

아이가 적절한 행동을 했을 때
특정한 행동을 목표로 하여 보상을 준다.
(이 그림을 다 그리면 컴퓨터 게임 30분 해도 좋아. / 앗싸, 컴퓨터 게임해도 된다.)

아이가 칭얼거릴 때
칭얼거림을 무시한다. 시간이 지나면 아이는 결국 포기할 것이다.
(울어 봐야 소용없어. / 정말이네! 으, 포기하자!)

아이가 잘못된 행동을 하거나 반항할 때
잘못을 설명하고 일정 시간 원하는 것을 제한한다.
(엄마가 그릇 깨고 돌아다니며 음식 먹지 말랬지? 내일 간식은 없는 줄 알아!)

오아앙

어, 무슨 일이지?

은수가 나한테 장난감을 던졌어요!

어디 봐! 다친 데는 없니? 아유, 큰일 날 뻔했네.

은수, 친구한테
얼른 사과해!
싫어.
이거 놔!
씩
씩
친구가 다칠 뻔했잖아.
담부터는 물건을 함부로
안 던진다고 약속해!
씩
씩
형아는 은수가 좋아.
그래서 은수가 친구들과
사이좋게 잘 지내는
모습을 보고 싶어.
놔!
내 진심이 안
통하네. 쩝!
금방
변하겠니?
탁
탁
탁
그래도 은수는 자신의
행동이 잘못됐다는 건
어느 정도 알았을 거야.
하긴, 은수의
눈빛이 달라져
보이긴 했어.
꼼지가 은수한테
신경을 많이 쓰네….

"선생님, 은수 어디 있는지 아세요?"

"아마 미술실에서 혼자 그림 그리고 있을 거예요."

"좋은 기회야. 아이들은 자기가 잘하는 걸 보여 주고 평가받고 싶어 하거든."

"그래? 그럼 가 보자."

잠시 후

"와! 은수야, 너 그림 되게 잘 그린다!"

깜짝

"형은 운동은 자신 있는데 그림은 정말 못 그리거든…."

"은수야, 형아 좀 그려 주라!"

"뭐야, 내가 또 잘못한 거야?"

"괜히 부끄러워서 그러는 걸 거야."

슥슥

휙

오늘 정말 수고 많았어요. 다음에도 또 놀러 와요.

네! 그럴게요. 그럼 안녕히 계세요.

형아, 잠깐만! 이거 가지고 가!

다다다

정말 이거 나 주는 거야? 고마워!

형아, 정말 야구 선수 맞아?

네가 그걸 어떻게…

내가 말해 줬어.

응, 맞아. 다음에 와서 형아가 야구 가르쳐 줄 테니까 친구들과 잘 지내고 있어.

약속해. 꼭 다시 온다고…

약속하고 말고!

잘 가요!

네, 안녕히 계세요!

여러 가지 심리 장애

와, 말썽쟁이 은수한테 선물도 받고…. 대단한걸?

대단하긴 뭘. 은수 또래의 아이들은 모두 순수하잖아!

어쨌든 오늘 너랑 함께해서 참 좋았어.

정말? 나도 좋았어!

아, 엄지가 나와 함께해서 좋았대.

그럼 날 좋아한다는 뜻?

쯧쯧, 표정을 보니 엄지 말에 완전 감동했군.

쿵닥쿵닥 두근두근

우리 다음에도 꼭 같이 가자!

물론이지.

꿈지야, 피곤하니까 우리 버스 타고 가자!

버, 버스?

미, 미안! 난 오늘 훈련을 못해서 그냥 뛰어갈래.

아…

오늘 애들 업고 뛰어다녀서 많이 피곤할 텐데…. 너 참 대단하다!

끙응~

이상하다! 조금이라도 엄지랑 같이 있고 싶을 텐데….

엄지야, 조심해서 가! 내일 학교에서 보자. 안녕!

그래, 잘 가!

버스

꼼지는 정말 열심히 훈련하는구나.

버스
끼익

앗, 엄지다! 엥? 저기 달려가는 건 꼼지? 뭐야, 둘이 같이 있었던 거야?

좋아. 이 기회에 엄지가 사는 곳을 알아 둬야지.

저 버스를 따라가!

네!

부웅~

바앙

헉 헉

헉 헉 헉

너 혹시 버스와 관련해서 나쁜 기억 있니?

헉, 그걸 어떻게…?

네가 엄지랑 같이 있는 기회를 마다하는 게 이상하잖아.

맞아.

콰앙

사실 나 여덟 살 때 버스를 타고 가다가 사고를 당한 적이 있어.

그때 팔을 심하게 다쳐 하마터면 야구를 못할 뻔했지.

"그 뒤부터는 버스 타는 게 두려워서 버스를 안 탔어. 심지어 시합 갈 때도 난 따로 움직여."

"경기장에서 봐요."

"쯧쯧, 여차하면 '외상 후 스트레스 장애'로 이어질 수 있으니 조심해."

"외상 후 스트레스 장애?"

외상 후 스트레스 장애

자연재해, 교통사고, 전쟁, 유괴 등 충격적인 사건을 당했던 사람이 그 충격으로부터 벗어나지 못하고 비슷한 상황이나 일상에서 그때의 공포를 느끼는 '불안 장애' 현상이다. 이 증상은 마음을 혼란스럽게 하는 악몽, 반복적으로 갑작스럽게 떠오르는 기억, 불안, 불면증 등으로 고통을 느끼게 되며 쉽게 사라지지 않는다. 외상 후 스트레스 장애는 다른 말로 '트라우마'라고도 하는데, 트라우마란 그리스어의 'traumat'에서 나온 말로 원래는 상처를 의미한다.

"이 증상은 특히 전쟁에 참가한 군인들이 많이 겪고 있어."

정신적인 충격을 크게 받은 후, 후유증이 1개월 이상 계속되면 '외상 후 스트레스 장애'로 진단받는다.

"아…!"

"그 일이 지난 지 몇 년인데 아직도 그래?"

유럽의 축구 선수 중에도 비행기 사고로 절친한 친구를 잃고,

"앗, 내 친구가…."

그 이후로 비행기에 대한 두려움이 생겨 국제 경기를 참여 못해 결국 국가 대표를 은퇴한 경우도 있다.

"저는 국가 대표로서는 부족한 면이 있어 은퇴합니다."

"비행기를 못 타는데 먼 나라까지 어떻게 가겠어?"

외상 후 스트레스 장애 말고도 불안 장애 현상은 또 있어.

갑자기 무시무시한 사건이 일어날 것 같고, 계속해서 긴장하고 안절부절못하는 상황 등이 해당돼.

나도 가끔 그럴 때가 있는데…!

심하지 않으면 괜찮아. 그리고 공포증도 있어.

공포증?

어? 영철이가 '고소 공포증' 있다면서 높이 올라가는 놀이 기구를 못 타던데 그런 걸 말하는 건가?

저거 엄청 재밌어.

난 고소 공포증이 있어서 저런 건 못 타.

응, 맞아. 공포증은 특정한 대상이나 장소, 상황에서 큰 공포를 느끼는 걸 말해.

으, 난 벌레가 무서워!

난 천둥 번개…!

난 사람 만나는 게 두려워!

공포증이 심할 때는 그 상황을 예측하는 것만으로도 불안감에 휩싸이기도 해.

앗, 주말에 폭풍이 올지 모른다고? 그럼 천둥 번개도 칠 텐데! 아, 무서워!

그 정도면 정말 병이네!

어떤 사람이 외출을 했는데 문을 잠갔는지 확인하려고 다시 돌아갔다면 정상일까, 아닐까?

정상이지! 나도 가끔 방 불을 껐는지 확인하느라 문을 열어 보는데?

그럼 열 번씩 확인 하는 사람은?
열번 씩이나? 에이, 그건 정상이 아니지.
하지만 그런 사람들이 있어. 또 피부가 상할 정도로 손을 자주 씻는 사람도 있고. 이런 행동은 '강박 장애'라고 해.
나 손 좀 씻고 올게.
또? 벌써 열 번째야.
아, 그러고 보니 우리 반에도 되게 자주 손을 씻는 친구가 있어.
모르긴 해도 그 아이는 강박 장애가 있을 수 있어.
음, 심리 장애는 누구나 겪을 수 있는 거구나!
맞아. 그리고 가벼운 심리 장애는 회복도 빨라.
하지만 심한 심리 장애를 갖고 있는 사람은 회복이 더뎌.
치료가 불가능한 건 아니지?
글쎄…. 그래도 치료를 잘하면 돼.
치료법에 대해서는 집에 가서 얘기해 줄게.
알았어!

자, 아까 얘기하려던 치료법에 대해서 얘기해 줄게.

심리 장애를 치료하는 방법은 크게 심리 치료와 생의학적 치료로 나뉘어.

심리 치료와 생의학적 치료?

심리 장애 치료 방법

음!

이 환자는 약물을 주사할 테니 준비해 주세요.

네.

심리 치료 의학 도구를 사용하지 않고 정신 분석이나 상담 등을 이용하는 방법으로 정신 분석, 인본주의적 치료, 행동 치료 등 여러 가지가 있다.

생의학적 치료 환자의 신경계에 직접적으로 작용하는 약물을 주사하는 등 의학적 도구와 절차를 이용하는 방법이다.

침대에 누워 봐!

엥?

지금 너처럼 편히 누운 상태로 심리 치료를 받는 건 프로이트가 쓴 방법이야!

편해서 치료 받다 그냥 잠이 들 것 같은데?

심리 치료 가운데 최초의 심리 치료는 프로이트의 정신 분석이다. 프로이트는 환자가 편안하게 누워 자신의 내면에 초점을 맞추고 '자유 연상'을 하게 했다.

어린 시절을 떠올려 보세요.

동생과 장난감 갖고 노는 모습이 떠올라요.

이 방법은 환자가 스스로를 되돌아보고 원인을 찾아 감정을 추스를 수 있게 하는 데 목적이 있어.

아, 내가 왜 불안해 했는지 알겠어요.

이번에는 '인본주의적 치료'에 대해서 알아 볼까?

응, 궁금해!

인본주의적 치료는 특별한 기법이나 고정된 이론이 있는 게 아니라 수많은 상담과 관찰을 통해 이루어졌다. 이 치료의 목적은 내담자의 과거보다는 현재 일어나는 감정을 탐색해 내담자가 앞으로 나아갈 수 있도록 돕는 것이다.

그리고 '행동 치료'는 너처럼 버스 타는 걸 두려워하거나 긴장된 상황에서 몸이 굳는 경우에 쓰여.

정말?

잠깐, 우린 가상 세계로 갈 거야.

슈욱

앗, 버스 안이잖아!

긴장하지 말고 밖을 봐. 아주 느리게 가는 놀이동산 버스야.

부아앙

84 * 자유 연상 : 정신 분석학에서 무의식을 탐색하는 방법으로 아무리 사소하거나 당황스러운 것이라도 마음에 떠오르는 것을 말함
* 내담자 : 일반적으로 상담자의 도움을 받기 위해 찾아온 사람을 일컬음

아, 그렇네! 조금 빨라졌는데…. 여전히 괜찮아?

응. 도로를 달리지 않으니까 별로 안 무서워!

다행이다. 넌 지금 행동 치료 중 '노출 치료'를 하고 있어.

노출 치료는 어떤 사람 주변에 그 사람이 무서워하고 피하려고 하는 대상을 서서히 노출시킴으로써 점점 두려움이 둔해지도록 만드는 방법이다.

으, 무서워.

아이가 토끼를 무서워한다.

멀리 떨어져 있으니까 괜찮아!

아이가 간식을 먹을 때 토끼장을 방에 들여놓는다. 이후 점점 가까이 놓는다.

아, 토끼가 귀여워.

두 달 후

아이는 간식을 먹으며 토끼를 만질 정도로 토끼에 대한 두려움을 떨쳐 버린다.

꼼지야, 지금은 어때?

여기가 가상 세계라 그런지 전혀 안 무서워.

지금 상태로는 현실 세계에서 버스 타도 문제 없겠는걸?

그렇다면 돌아가는 즉시 버스 타 봐야지!

*행동 치료 : 문제의 행동을 없애는 데 학습 원리를 적용하는 치료

85

근데 생의학적 치료는 어떤 경우에 쓰여?
생의학적 치료는 심한 우울증이나 정신 분열병 같은 경우에 사용된다.
우울증도 심하면 큰 병이라던데 정신 분열병도 꽤 심각한 병인가 보네?
우울증이 그냥 감기라면 정신 분열병은 암에 비유할 수 있어.
뭐? 암?
정신 분열병은 일상생활에서 하루 종일 현실과 동떨어지게 행동하는 심리 장애를 말한다. 이 병의 증상은 환자가 환각을 경험하거나 망상적인 방식으로 말하며, 부적절한 웃음과 눈물을 보이는 등 다양하게 나타난다.
저리 가!
마치 어떤 것이 있는 듯 환각을 본다.
중얼 중얼
하루 종일 알아들을 수 없는 혼잣말을 한다.
하하하
때와 장소에 맞지 않게 웃거나 운다.
정신 분열병은 서서히 일어날 수도 있지만 강한 스트레스로 인해 갑자기 생겨날 수도 있어.
하지만 갑작스럽게 생긴 정신 분열병의 경우는 사람마다 다르긴 하지만 회복될 가능성이 있어.
아, 정신 분열병 환자를 둔 가족은 얼마나 마음이 아플까!
폴짝

잘난 척하지 마!

이런, 늦었네!

아유, 엄마가 많이 기다리실 텐데….

어이, 어딜 그리 급히 가시나?

고, 고단수! 네가 여긴 어떻게…? 우리 집은 어떻게 알았어?

어제 길에서 우연히 널 보고 집이 어딘가 궁금해서 쫓아왔어.

이런 데서 살다니…. 너랑은 참 안 어울린다.
우리 집이 뭐가 어때서?
쓸데없는 소리할 거면 가! 나 지금 무지 바쁘거든?
왜 꼼지랑 데이트하게?
뭐?
너 대체 하고 싶은 말이 뭐야?
킥킥, 진정해.
너, 나랑 정식으로 사귀자!
깜짝
너도 알다시피 난 공부든 운동이든 못하는 게 없어! 게다가 잘생겼고 집도 부자고….
….

나랑 같이 다니면 너도 돋보이게 될 거야. 그러니 잘 생각해 봐.

난 너한테 관심 없거든! 그리고 이 손 좀 치울래?

싫은데?

싫어?

난 분명히 경고했다, 손 치우라고!

네 눈엔 모든 게 하찮게 보이나 본데 함부로 판단하지 마. 난 너처럼 잘난 척하는 애, 정말 싫어!

…!

뭐? 내가 싫다고?
그리고 사사건건 꼼지를 무시하는데 꼼지는 너랑 다르게 마음이 따뜻한 애야.
마음이 따뜻한 게 무슨 대수야? 야구 선수가 실력으로 인정받아야지!
아니, 나한테 좋은 선수는 지지 않는 선수가 아니라 패배를 이겨 내는 선수야. 꼼지가 바로 그런 애야.
….
내가 보기에 너는 꼼지의 반의반도 못 따라가. 알아들어?
쿠웅
더 이상 너랑 할 얘기 없으니 그만 돌아가!
도련님….
휙
내가 후줄근한 꼼지보다 못하다고? 어떻게 나한테 그런 말을…!
부들 부들
….

아, 하나같이 다 맘에 안 들어.

내가 보기엔 다 잘 어울리는데 왜 그래?

이런 모습으로 엄지와 함께 다닐 수는 없어.

엄지처럼 예쁜 애랑 같이 다니면 내가 초라해 보일 것 같단 말이야.

내가 좀 더 잘생겼으면 엄지와 꽤 잘 어울리는 한 쌍이 될 텐데….

쯧쯧, 그렇게 자신감이 없어서 어떡하니?

네가 엄지와 비교될까 봐 걱정하는 건 이해되는데 그렇다고 '대비 효과'까지는 아니야.

대비 효과? 그게 뭐야?

대비 효과는 두 사람 이상이 함께 다닐 때 한 명이 매우 돋보이면 다른 사람들은 그 사람보다 못하게 비교당하는 것을 말한다.

와! 가운데 여자, 예쁘다.

그 옆에 있는 여자들은 참…, 비교된다!

91

> 엄지가 예쁜 건 나도 인정해. 하지만 너도 충분히 멋져.

> 정말?

> 사람은 좋아하는 사람이 생기면 상대에 비해 자신이 몹시 초라하게 느껴질 때가 있다.

> 과연 내가 저 사람과 잘 어울릴까?

> 지금 네 마음은 지극히 자연스러운 거야. 그러니 열등감을 가질 필요는 없어.

> 알았어.

> 용기 있는 자가 미인을 얻는다는 말도 있으니 용기 있게 행동해.

> 아자!

> 시험 삼아 저 곰 인형을 엄지로 생각하고 씩씩하게 고백해 봐!

> 알았어!

> 저… 엄지야, 난 네, 네가….

> 됐다 됐어. 쯧쯧!

엄마, 같이 가요!

탁탁탁

히히히

잡았다!

잡혔다! 헤헤.

헤헤헤

엄마, 여기서 조금 쉬었다 가요.

엄마, 기억나요? 여기 엄마랑 나랑 자주 온 곳인데….

아, 엄마가 빨리 나았으면 좋겠어요.

흠, 이거 아주 흥미로운 사실을 알게 됐네. 후후!

자신을 사랑하는 나르시시즘

자! 오늘부터 너희와 함께 훈련할 새 친구를 소개하겠다.

다른 학교에서 야구를 하다 온 건가?

혹시 투수를 데려온 거 아닐까?

뭐, 투수를?

다들 알 게다. 바로 고단수야.

고단수는 야구를 해 보지 않았지만 워낙 타고난 기량이 있어 내가 우리 팀에 들어오라고 했다.

이럴 수가.

꼼지와는 벌써 대결을 해 봤다지? 아무리 연습구였다지만 홈런을 쳤다니 더욱 믿음이 간다.
꼼지가 봐줘서 그랬죠, 뭐! 팀의 에이스가 제게 홈런을 맞아서야 되겠어요?
자자, 새 부원과 힘을 합해 이번 어린이 야구 대회에서 최고의 성적을 거둬 보자!
으, 날 골탕 먹이려고 일부러 들어온 게 분명해! 두고 봐.
후후….
쿠구궁
깡
앗, 또 홈런이네!
슈웅

고단수, 타격은 그만하면 됐다. 수비 연습하게 준비해.

오우, 실력이 생각 이상인걸?

와, 공 다섯 개 모두 홈런을 치다니…. 굉장하다!

에이, 꼼지가 던졌으면 저렇게는 못했을 거야.

꼼지였어도 마찬가지일걸? 꼼지 공이 뭐 그리 대단하지도 않잖아!

괜히 망신당하기 싫어 지금도 일부러 안 던진 걸 거야.

너희 강성 초등학교 야구부, 맞아? 힘들 때 서로 위로해 주고 힘이 돼 주는 게 진짜 동료 아니야?

꼼지가 얼마나 열심히 노력하는지 알기나 해? 너희가 진짜 동료라면 더 잘하라고 격려해 줘야지!

아, 엄지야!

쯧쯧, 얼마나 못났으면 여자애가 나서서 너를 보호해 주냐?	모름지기 남자는 나처럼 강해야지! 넌 아직 어린애일 뿐이야.

아유, 단수는 말 한마디를 해도 정말 얄밉네.

그래도 난 단수의 저런 자신감 있는 모습이 종종 부러울 때가 있어.

야, 공을 그렇게 밖에 못 던져?

그… 그게.

단수는 일부러 저러는 것 같긴 한데 자기도취도 꽤 있는 것 같아.

자기도취는 자신을 매우 사랑해서 거기에 빠지는 것을 말해.

자신을 사랑하는 게 나빠?

물론 자기 자신을 사랑해야지. 하지만 정도가 심하면 그것도 병이야.

너 '나르시시즘' 이라고 들어 봤어?

나르시시즘?

나르시시즘은 그리스 신화에 나오는 '나르키소스'라는 미소년이 물에 비친 자신의 모습에 반해 그만 빠져 죽은 데서 유래된 말이다.

영국 화가 존 윌리엄 워터하우스(1849~1917년)의 〈에코와 나르키소스〉

헐, 자기 모습에 반해 빠져 죽다니…. 진짜 병이다!

나르시시즘은 자신의 외모나 능력을 스스로 매우 뛰어나다고 믿는 이기적인 생각과 행동을 의미한다.

세상에 나만큼 잘생긴 사람이 또 있겠어? 후후.

이렇게 지나치게 자신한테 빠져 있는 것을 정신 의학에서는 '자기 도취적 성격 장애'라고 해.

근데 이런 장애를 겪는 사람은 진정한 자긍심이 없거나 모자란 경우가 많아.

진정한 자긍심이 없다는 게 무슨 말이야?

98 * 나르시시즘에는 부정적인 것 말고도 건강한 나르시시즘도 있음. 건강한 나르시시즘은 유아기와 유년기 초반에 형성되며 자신의 불완전함을 인정하고 여러 사람과 어울릴 수 있음을 말함

| 진정한 자긍심이 있는 사람은 다른 사람의 비판이나 자신의 실패 경험을 자기 발전의 밑거름으로 삼지만 | 그렇지 못한 사람은 타인의 비판이나 자신의 실패를 견디지 못해 굴욕감과 좌절감을 쉽게 경험한다. |

그래, 이번에는 실패했지만 난 다시 도전할 거야.

불끈

내… 내가 이 정도밖에 안 된다고? 말도 안 돼!

이런 사람들은 자칫 무력감에 빠져 우울증까지 겪을 수 있어.

헉! 우울증까지?

깜짝

때로는 자신의 재능이나 외모를 주변 사람들이 시기하고 질투한다고 생각하는 등 과대망상을 보이기도 한다.

내가 예쁘니까 다들 나한테 뿅 가는구나!

호호호

하여간 뭐든 지나치면 탈이 나. 그러니 다른 사람을 너무 부러워할 필요는 없어.

으응….

어이, 인사 정도는 해도 되잖아?

아까 단체로 했잖아! 난 너랑 따로 얘기하고 싶지 않거든.

키키킥

* 과대망상 : 사실보다 과장하여 터무니없는 헛된 생각을 하는 증상

어제 보니까 엄마 병간호 하느라 힘들어 보이던데….
네가 그걸 어떻게…!
너희 엄마, 정신적으로 문제가 있어 보이더라!
나랑 잠깐 얘기 좀 해.
후후, 역시….
내 예상대로 숨기고 있었군. 하긴 창피하기도 하겠지!
너 그런 얘기하려고 일부러 야구부에 들어왔니?
무슨 소리야! 난 야구하려고 들어왔어.
그리고 너에 관한 이야기를 다른 사람에게 말할 생각도 전혀 없어.
물론 장담할 순 없지만…. 후후.

머릿속으로 훈련하기 – 상상 연습

아, 나 잠이 안 와….

왜?

내일 훈련하려면 푹 자야지…! 무슨 걱정 있니?

내일 단수와 맞붙을 생각을 하니까 잠이 안 와.

이번에도 홈런 맞으면 난 야구부에서 완전히 믿음을 잃고 말 거야.

아무래도 새 투수가 필요하겠다.

왜 그렇게 약한 소리를 해? 넌 충분히 단수를 아웃 시킬 능력이 있어. 그동안 훈련도 열심히 했잖아.

처음 네가 단수에게 홈런을 맞은 건 네가 힘으로만 이기려고 고집하다가 그런 거잖아! 안 그래?

아….

넌 아직 단수와 제대로 된 승부를 한 게 아니야.

그건 그래.

잠이 안 오면 나랑 훈련할래?

이 밤에?

밖에 나갈 건 아니고 여기서 '상상 연습'을 하자고.

상상 연습?

상상 연습은 올바른 기술 따위를 익히기 위하여 머릿속에 그 운동이나 동작을 그려 보는 연습법을 말한다. 다른 말로 '이미지 트레이닝'이라고도 한다.

에이, 상상하는 것만으로 훈련이 되겠어?

당연히 되고말고!

머릿속으로 어떤 상황을 끊임없이 반복해 상상하면 그게 마음속 깊이 새겨져

다음 상대

실제로 몸을 통해서 실력이 발휘될 수 있다. 상상 연습은 반드시 실제 연습이 뒤따라야 효과가 있다.

으랏차!

콰앙

실제로 1976년 몬트리올 올림픽을 준비하던 옛 소련 선수들은 올림픽 경기장 사진을 보면서 낯선 경기장에서 자신들이 경기하는 장면을 자주 상상했다.

흠, 내가 여기서 경기를 치른단 말이지?

그 결과 선수들은 경기장에 도착했을 때 평상시에 자주 들른 곳처럼 편안하게 느껴져 안정된 마음으로 경기를 펼쳐 좋은 성적을 거뒀다고 한다.

오, 우리가 줄곧 훈련하던 경기장 같아.

하긴 지는 모습을 상상하면 더 의기소침해질 것 같아.

당연하지!

상상 연습의 기본은 자신의 강한 모습을 자꾸 그려 보는 거야.

음!

자, 이제 네가 통쾌하게 이기는 상황을 떠올려 봐.

9회 말, 주자 1루 상황

헛스윙, 아웃!

팡

완벽한 승리를 거두는 꼼지 투수, 정말 대단합니다!

강성	한라
4	0

와 와 와 와

| 와, 잘했어! | 난 네가 해낼 줄 알았어! | 역시 넌 에이스야! | 꼼지야, 멋졌어! | 꼼지야. |

역시 넌 우리 팀에 없어서는 안 될 중요한 선수야. 진짜 최고야!

엄지가 널 왜 좋아하는지 알겠어!

킥킥, 기분 좋게 잠들었네. 이 상태라면 내일 훈련은 자신감 있게 잘할 수 있겠지?

쿨~

팡

스트라이크!

다음 날

스트라이크!

부웅

팡

앗, 꼼지가 확 달라진 것 같아.

어제의 상상 연습 덕분인가? 자신감이 넘치네.

아, 꼼지가 지금처럼만 해 주면 참 좋을 텐데…!

다음 타자, 나가라!

붕 붕 붕 붕 붕

꿀꺽

꼼지야, 잘할 수 있지? 그렇지?
꼼지야!
에구, 또 얼어 버렸네. 큰일이네…!
두근 두근 두근
긴장하지 말고 어젯밤처럼 멋지게 이기는 모습을 상상해 봐!
두근 두근 두근
그래, 난 분명 이길 수….
슈웅
없다….
깡

슈우웅

홈런이다!

열심히 연습했다고 해서 잔뜩 기대했는데…. 좀 시시한걸?

…

단수를 데려오길 잘한 것 같군. 어쩌면 꼼지한테 자극제가 될 수 있겠어.

아, 꼼지가 자신감을 잃으면 어쩌지?

으, 난 단수를 이길 수 없나 봐.

크흑

…

시무룩

반복적인 실패 – 학습된 무기력

꼼지야, 네 마음이 어떨지 아는데….

됐어! 어떤 투수라도 홈런은 맞을 수 있고 더 열심히 하면 이길 수 있다고 말하려는 거지?

…

난 네가 하라는 대로 다했어. 하지만 또 이 모양이야. 내 능력은 여기까지란 말이야.

넌 이제껏 단수를 이기기 위해서 야구를 한 거니?

단수를 목표로 운동했다면 정말 실망이야!

뭐!

뭔가 착각하나 본데, 넌 지금껏 성실함으로 인정 받은 거지, 능력으로 인정받은 게 아니야.

부모가 아이를 칭찬할 때, 타고난 능력을 칭찬하는 경우와 모든 일에 노력하는 모습을 칭찬하는 경우가 있다.

아빠를 닮아 역시 머리가 좋구나.

오, 이번에도 노력을 많이 했구나!

그런데 타고난 능력을 칭찬받은 아이는 자기 능력 밖의 일은 쉽게 포기해 버리는 경향을 보인다.

여러분도 연습하면 저처럼 할 수 있어요.

아무리 연습해도 저건 내 능력 밖이야.

반면 노력을 칭찬받은 아이는 어떠한 일에도 도전 정신을 발휘하는 경향을 보인다는 통계 결과가 있다.

나도 노력하면 언젠가는 저렇게 멋지게 기타를 칠 수 있겠지?

딩가 딩가

한마디로 타고난 능력만 믿고 노력하지 않는 사람들은 뜻대로 안 되면 뭐든 쉽게 포기해 버린다는 거지!

넌 지금처럼 열심히 노력하면 더 나아질 수 있어. 정말이야.

미안! 그냥 속상해서 한번 해 본 말이지 진짜로 야구를 포기하려고 생각한 건 아니야.

이제부터는 고단수를 목표로 삼지 마. 자칫하면 '학습된 무기력'에 빠질 수 있겠어.

학습된 무기력?

실패나 나쁜 일을 자꾸 겪게 되면 무기력증이나 의욕 상실 등에 빠질 수 있어.

예를 들어 아기 코끼리가 단단한 쇠사슬에 다리가 묶인 채 자라면

으앙, 아무리 발버둥 쳐도 벗어날 수 없어.

어른 코끼리가 된 뒤에도 가느다란 줄에 묶여 있어도 벗어나기를 쉽게 포기해 버린다.

아무리 노력해도 소용없을 거야. 그냥 포기하는 게 속 편해.

사람도 마찬가지로 특정한 일에 반복적으로 실패하면 나중에는 아예 시도조차 해 보지 않으려 한다.

It's fine today. How far is it from here to the station?

영어는 암만 해도 점수가 안 나와. 그냥 잠이나 잘래.

학습된 무기력에 빠지지 않으려면 어떻게 해야 해?

먼저 성취할 수 있는 작은 목표부터 세워 차근차근 해결해 나가는 거야!

1. 어떤 심리학자는 다음과 같이 한쪽 방향에서만 빛이 들어오게 장치해 놓고, 쥐가 빛이 보이는 방향으로 물에서 빠져나오도록 훈련을 시켰다.

— 오, 빛이다!

2. 이때 쥐를 물에서 못 나오게 짧게 살짝 누르면 쥐가 빠르게 탈출하는 반해

— 어푸어푸! 빨리 탈출을 시도해야겠다!

3. 오래도록 꾹 누르고 불빛도 멀리 치우면 아예 탈출을 포기하는 현상이 나타났다.

— 에이, 아무리 발버둥 쳐봐도 소용없겠네 뭐….

4. — 목표였던 50개를 해냈으니 다음에는 70개에 도전하자!

5. 이는 목표가 눈앞에 보일 때는 더욱 열심히 노력하지만

6. 막연한 목표를 세우면 무기력해지기 쉽다는 것을 뜻한다.

— 어휴, 저걸 언제 해내지? 그냥 관두자.

목표
1. 팔 굽혀 펴기 200번
2. 줄넘기 1000번

7. 작은 목표를 하나둘 이뤄 가다 보면 어느새 크게 성장한 자신을 발견할 수 있을 거야. 그러니 단수를 너무 의식할 필요 없어.

8. — 좋아. 내 원래 목표를 향해 달려가겠어!

— 바로 그거야!

9. 기운을 되찾았으니 이번엔 특별한 훈련을 해 보자.

— 특별한 훈련?

꼼지, 강화 훈련을 받다

팟

앗! 여, 여기가 어디야?

두리번 두리번

이번에도 우린 가상 공간으로 들어온 거야.

아, 가상 공간은 항상 놀라워!

어, 저기 돌기둥들은 뭐야? 무슨 표시가 있는 것 같기도 하고.

이곳은 스키너의 '강화 상자의 원리'를 본뜬 훈련장으로 네가 저 표시에 정확히 공을 맞히면 상을 줄 거야.

스키너는 쥐나 다른 동물의 학습 실험을 위해 특별한 상자를 만들었다.

동물도 얼마든지 학습시킬 수 있다고!

찍 찍

상자에는 동물이 먹이를 얻기 위해 레버를 누르도록 훈련시키는 장치를 해 놓았다. 스키너는 하루 동안 굶긴 쥐를 가지고 실험했다.

스피커
전구
레버
먹이

쥐는 처음에 새로운 환경을 살피기 위해 이리저리 돌아다닌다. 이때 우연히 레버를 건드리면 자동적으로 먹이가 나온다.

깜짝
툭

그 후 또 먹이를 주지 않으면 쥐는 또다시 레버를 건드릴 가능성이 높아진다.

먹이를 왜 안 주지? 이걸 건드려 볼까?

쥐가 레버를 건드리면 먹이가 나온다. 이렇게 몇 번을 반복하면 쥐는 레버를 건드리면 먹이가 나옴을 알게 된다. 이후에는 마음대로 먹이를 먹는다.

하, 이것을 누를 때마다 먹이가 나오니 좋네!

툭

이 실험은 쥐에게 먹이라는 상을 줌으로써 쥐의 능력을 점차 높인 것이다. 이렇게 생물체의 능력을 향상시키는 보상을 '강화물'이라고 부르고

성적이 올랐으니 약속한 대로 신발 사 왔다.

야호!

강화물

강화물을 통해서 대상을 원하는 방향으로 움직이고 능력을 향상시키는 과정을 '조형'이라고 한다.

다음에는 게임기 사 주신다고 했으니 더욱 열심히 해야지!

게임기라는 강화물에 의해 잘 조형되고 있네.

호호

점수, 트로피, 메달 등은 선수들의 기록을 향상시키는 강화물이 될 수 있다.

그러니까 한마디로 나를 강화물로 조형하겠다는 거네. 좋아, 어떤 상을 줄지 기대되는걸!

하하, 봤지? 가운데 정확히 맞혔어.

왜 아무것도 안 줘? 빨리 줘!

방금 건 의미 없어. 정확하면서도 빠르게 맞혀야 하는 거야!

쳇, 진작 얘기하지.

115

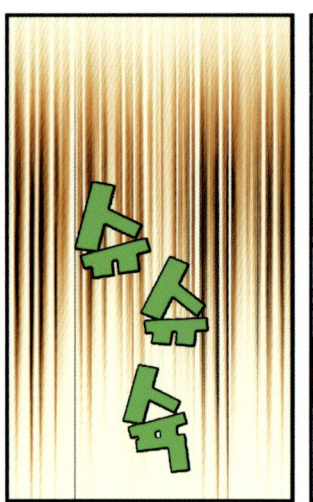

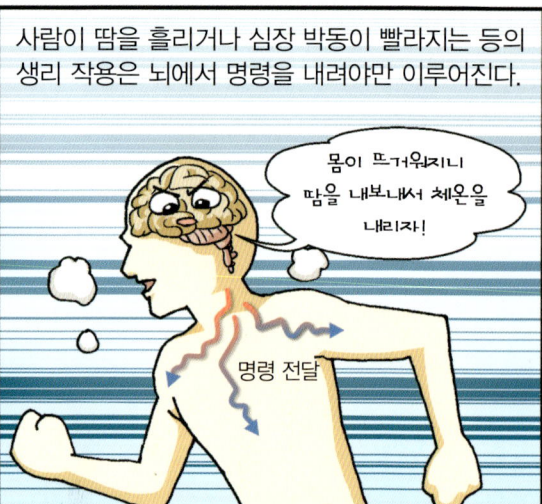

116

수고했어! 피곤할 테니 오늘은 여기까지 하자.

딱

그래!

슈슈슉

우아, 진짜 훈련한 것처럼 땀도 나고 숨도 차….

두근두근

그게 바로 뇌의 신비야.

사람이 땀을 흘리거나 심장 박동이 빨라지는 등의 생리 작용은 뇌에서 명령을 내려야만 이루어진다.

몸이 뜨거워지니 땀을 내보내서 체온을 내리자!

명령 전달

머리만 다쳤을 뿐인데…, 흑흑!

뇌를 다친 사람들은 보통 신체를 움직이지 못하거나 생리 작용이 멈추기도 한다.

뇌에 관한 놀라운 사건이 하나 있었어. 어떤 사람이 냉동차 운전자의 실수로 냉동고 안에 갇혔대.

이봐요, 나 좀 꺼내 줘요!

덜컹덜컹

다행히 그 냉동고는 전원이 꺼져 있었고 환기구가 열려 있어서 공기도 충분했지.

으, 영하 20도가 넘는 냉동고에서 얼마나 버틸 수 있을까?

덜덜 덜덜

그런데도 그는 죽은 채 발견됐어. 그 이유는 냉동고에 갇혔다는 뇌의 판단에 따라 비극적인 생각을 했기 때문이야.

싸늘...

쯧쯧, 안됐다.

그래서 긍정적인 생각이 중요한 거야.

자, 이번엔 쉽게 행복해지는 방법을 가르쳐 줄게!

엥? 그런 방법이 있어?

하하하하하

콜리야!

하하하하하하

데굴 데굴 데굴데굴

갑자기 왜 그래?

117

웃음의 힘

콜리 몸에 이상이 생긴 건가? 아, 이를 어쩌지?

하하, 난 멀쩡해. 지금 난 행복해서 웃는 게 아니라 웃어서 행복한 거야.

뭐라고?

하 하 하

단지 웃는다고 행복해진다니…. 그게 말이 돼?

내가 한 말은 톰킨스라는 심리학자가 한 말인데 실험으로도 증명된 거야!

독일의 심리학자 프리츠 스트랙이 이에 대한 실험을 했다. 그는 실험자들을 두 집단으로 나눈 다음, 연필을 입에 물게 한 뒤 똑같은 만화책을 보게 했다.

A 집단 연필을 이로 물어서 웃는 듯한 표정을 만듦

B 집단 연필을 입술만으로 물게 하여 무표정하게 만듦

정말?

그런데 실험 결과 이로 연필을 물었던 학생들이 만화책이 좀 더 재미있다고 답했다.

이히히!

….

118 　 * 실번 톰킨스(1911~1991년) : 미국의 심리학자. 1962년 《육체의 진실》에서 '안면 피드백(얼굴 표정과 신체 반응에 맞춰 감정이 생겨난다)' 가설을 주장함

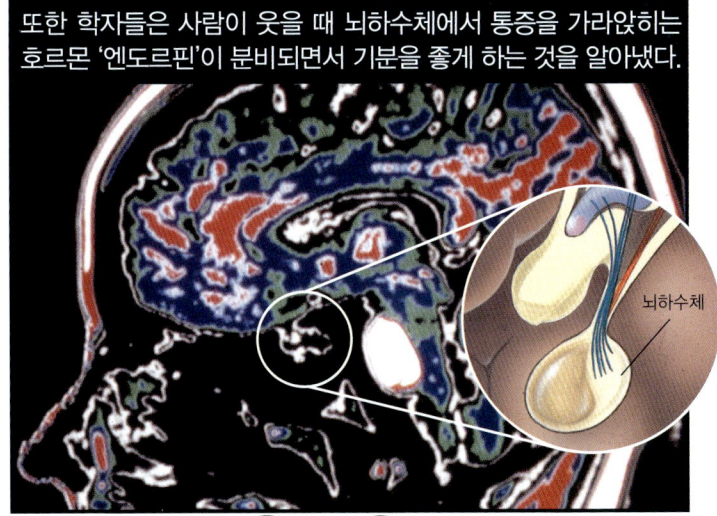

이는 사람이 웃는 표정을 지었을 때 그 표정에 근거하여 뇌가 상황을 판단하기 때문에 이런 결과가 나온 것이다.

음, 웃는 표정이네! 그럼 웃음이 나와야지!

하하하

또한 학자들은 사람이 웃을 때 뇌하수체에서 통증을 가라앉히는 호르몬 '엔도르핀'이 분비되면서 기분을 좋게 하는 것을 알아냈다.

뇌하수체

평소 크게 잘 웃는 사람들이 심장 마비도 쉽게 걸리지 않는다는 연구 결과도 있다.

또 사람이 1분 동안 크게 웃으면 에어로빅이나 자전거 타기를 10분 하는 것과 같은 효과도 있어.

그러니까 웃음은 좋은 거라는 얘기지? 그렇다면 항상 웃는 얼굴로 다녀야겠는걸?

아유, 그런 얼굴로 다녔다가는 다들 너를 이상하게 쳐다볼걸?

* 뇌하수체 : 골밑샘이라고도 하며 호르몬의 분비와 조절에 관여함
* 사람이 크게 웃을 때 몸의 650개 근육 중 231개 근육이 움직여 위장과 심장 같은 내장 운동 효과가 있다고 함

난 너희와 달라

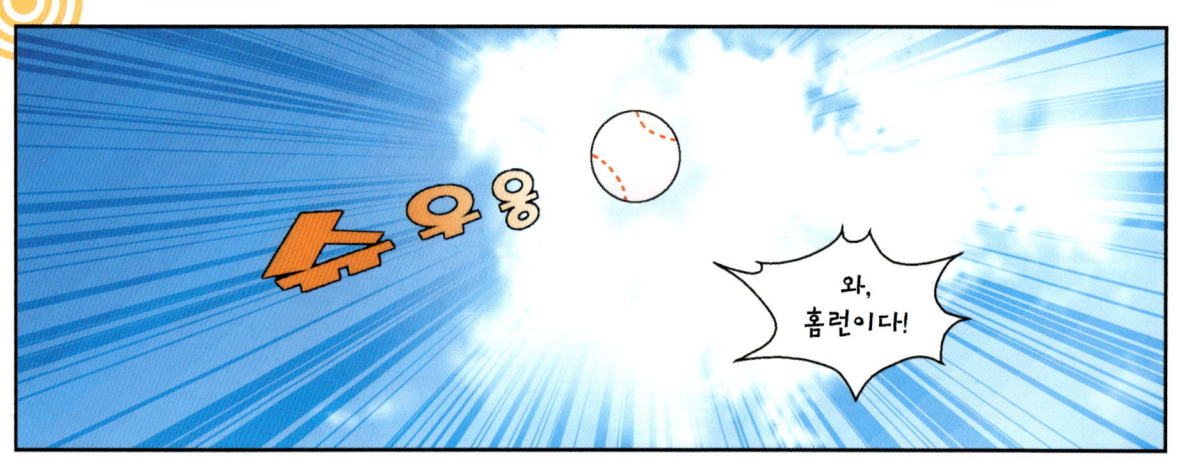

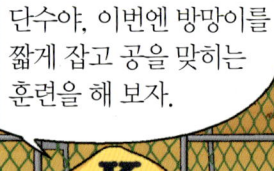

와, 홈런이다!

단수야, 이번엔 방망이를 짧게 잡고 공을 맞히는 훈련을 해 보자.

그런 훈련을 왜 하죠? 홈런 한 방이면 끝나는데….

야구는 너 혼자 하는 게 아니야! 그리고 항상 홈런을 칠 수 있는 것도 아니잖아!

걱정 마세요. 전 꼼지 같은 애랑 붙으면 언제든 홈런을 칠 자신이 있으니까요.

음, 녀석의 이기심과 자만심을 깨지 않으면 이번 어린이 야구 대회에 데려갈 수 없겠어.

그래?

꼼지야!

단수와 다시 한번 승부를 겨뤄 봐라. 연습이 아니라 실제 경기처럼 말이야.

네?

깜짝

~흥

건들건들

단수를 의식하지 않고 훈련하려 했는데 또 맞붙으라니….

주눅 들지 말고 편하게 던져.

킥킥, 표정을 보니 오늘도 영락없이 내 먹잇감이 되겠어!

휘이이잉

121

투 스트라이크!

어, 단수가 헛스윙을 했어!

직구를 던지지 않고 느린 변화구를 던지다니…!

좋아, 이번엔 안 봐준다!

천하의 고단수가 저런 녀석한테 지는 건 말도 안 돼.

절대 질 수 없어!

콱

캬앙

* 직구 : 야구에서, 투수가 변화를 주지 아니하고 직선같이 곧게 던지는 공
* 변화구 : 야구에서, 투수가 변화를 주어 공의 진행 방향이 변화하는 공

앗, 높이 솟았다!

기진이가 잡을 수 있겠어!

샤샤샥

슈웅~

어, 어…

터억

어이쿠!

후후, 녀석들! 머리 싸움도 할 줄 알고…. 기특한걸?

아, 아깝다.

단수는 알 거야. 지금의 승부가 누구의 승리인지….

단수야, 내가 졌어. 하지만 오늘 졌다고 내일도 지진 않아. 다음엔 널 꼭 이길 거야.

….

네가 있어 내가 더 노력하게 됐어. 고마워.

부들 부들

! 파

졌으면 그냥 꼬리 내리고 도망갈 것이지 감히 나한테 악수를 청해?

고단수, 어디 가? 아직 연습 안 끝났어.

음, 충격을 받은 모양이군! 자신에 대한 우월감이 큰 만큼 충격도 크겠지.

저번처럼 날 이기겠다고 힘으로 밀어붙일 줄 알았는데…. 내가 보기 좋게 당했어.

단수야!

타 타 타

126

네가 안타를 친 건 다 내 덕이야. 내가 일부러 안 잡았거든.
그런 얘기를 하는 의도가 뭐지?
의도는 무슨! 난 그냥 너랑 친하게 지내고 싶어서….
왜, 나랑 친하게 지내면 얻을 게 많을 것 같니?
뜨끔
나랑 친해지고 싶으면 그전에 엄지와 꼼지 사이를 갈라놔! 그럼 그때 가서 생각해 보지.
홱
….
오늘부터 체계적인 훈련을 해야겠어.
그날 밤, 단수네 집
도련님, 2분 뒤에는 휴식을 취하셔야 합니다.
꼼지, 다시는 내 앞에서 못 웃게 해 주겠다!
훅훅
훅훅
윙윙

마음을 움직이는 말

단수는 오늘도 안 나왔나?

네. 단수랑 친한 애가 없어서 무슨 일이 있는지 잘 모르겠어요.

끙. 완전히 제멋대로군.

무슨 일이 있는 거 아닐까?

자기 화를 못 이겨서 안 나온 걸 거야.

쳇, 내 공을 못 넘긴 게 그리 화가 나나?

끄응~

꼼지, 훈련 안 하고 왜 멀뚱히 서 있어?

탁

깜짝

하하, 감독님인 줄 알고 놀랐니?

응. 정말 깜짝 놀랐어.

헤, 사실 넌 줄 알았어!

너 혹시 단수 걱정 하고 있었니?

아… 아니, 그냥….

단수 성격이 원래 좀 그렇잖아! 제멋대로에다 잘난 척하고…. 그래도 의지는 강하니 꼭 돌아올 거야.

으, 응!

그러니까 신경 쓰지 말고 훈련이나 해. 요즘 너 잘한다고 감독님의 기대가 크셔…. 그럼 수고해. 나 간다!

그래, 잘 가!

시무룩

…

역시 엄지는 단수한테 관심이 많은 것 같아.

왜 그렇게 생각해?

단수가 제멋대로에다 잘난 척한다고 안 좋게 말하는 것 같으면서도 결국엔 의지가 강하다고 칭찬하잖아!

어휴.

129

그건 엄지가 배려심이 깊어 그렇게 말한 거지 단수를 좋아해서 그런 게 아니야.

엄지가 단수 칭찬을 먼저 하고 단점을 말했다고 생각해 봐.

단수는 의지는 강한데 제멋대로에다 잘난 척이 심해.

어? 그렇게 생각하니까 단수를 나쁘게 말하는 것 같네!

말은 하는 순서에 따라 다르게 느껴질 수 있어.

미국의 사회 심리학자 엘리엇 애런슨과 다윈 린더는 청찬과 비난의 말에 대한 재미있는 실험을 했다.

자! 서로에 대한 느낌을 솔직하게 말하는 시간을 갖겠습니다.

그들은 실험 협조자들에게 먼저 네 가지 조건으로 이야기하도록 한 후, 실험 대상자들이 그 말을 듣고 상대방에 대한 호감도를 적게 했어.

조건 1
년 얼굴도 귀엽고 공부도 되게 잘 할 것 같아.

처음부터 끝까지 계속 좋은 말만 해 준다.

조건 2
년 생긴 건 괜찮은데 어쩜 그리 멍청 하니?

처음에는 좋은 말, 나중에는 나쁜 말을 해 준다.

조건 3
년 어리숙해 보이긴 하는데 묘한 매력이 있어.

처음에는 나쁜 말, 나중에는 좋은 말을 해 준다.

조건 4
년 깡마른데다 인상도 별로야. 예쁜 곳이 단 한 군데도 없어.

처음부터 끝까지 계속 나쁜 말만 해 준다.

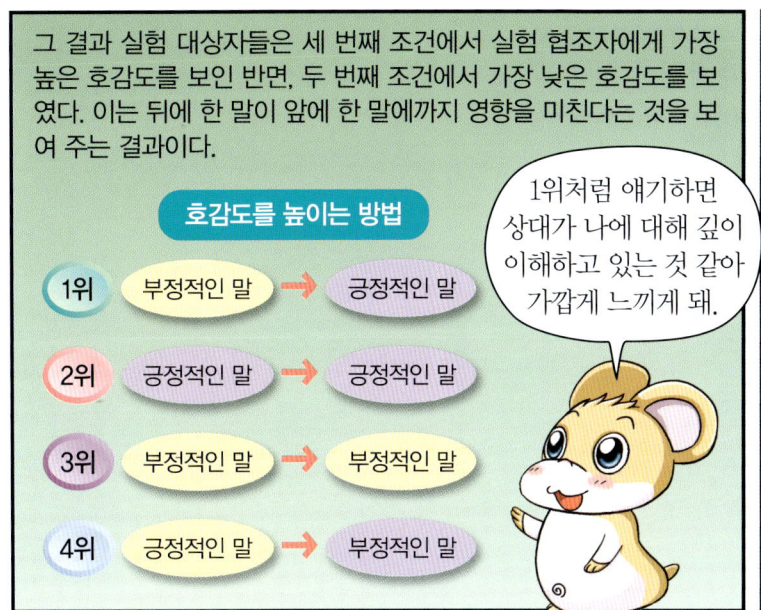

그 결과 실험 대상자들은 세 번째 조건에서 실험 협조자에게 가장 높은 호감도를 보인 반면, 두 번째 조건에서 가장 낮은 호감도를 보였다. 이는 뒤에 한 말이 앞에 한 말에까지 영향을 미친다는 것을 보여 주는 결과이다.

호감도를 높이는 방법

1위	부정적인 말 →	긍정적인 말
2위	긍정적인 말 →	긍정적인 말
3위	부정적인 말 →	부정적인 말
4위	긍정적인 말 →	부정적인 말

1위처럼 얘기하면 상대가 나에 대해 깊이 이해하고 있는 것 같아 가깝게 느끼게 돼.

엄지가 단수에 대해 나쁘게 말한 뒤에 칭찬을 했기 때문에 너한테는 엄지가 단수를 좋게 말한 것처럼 들렸던 거지.

아…

꼼지, 거기서 뭐하고 있냐?

깜짝

앗, 이번엔 진짜 감독님이다.

넌 신체 조건도 좋고 노력하는 자세도 좋은데, 아주 가끔 멍하게 있는 게 문제야!

칭찬인 줄 알았더니 결국 꾸지람이네.

끄응~

그래도 난 요즘 네가 많이 달라진 것 같아서 이번 어린이 야구 대회에 대한 기대가 크다.

너도 후회 없는 경기를 할 자신 있지?

네, 감독님!

음, 꼼지한테 '피그말리온 효과'까지 나타나겠네. 좋아!

피그말리온 효과
다른 사람이 자신에게 거는 기대나 믿음으로 더욱 힘이 나 실제로도 능력이 향상되는 현상

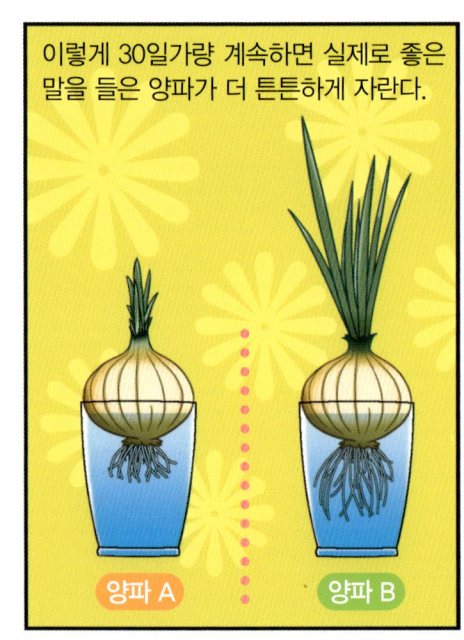

감독님이 칭찬해 주시니 힘이 마구 솟는 것 같아!

그래서 칭찬은 고래도 춤추게 한대잖아.

칭찬으로 고래를 춤추게 할 수 있다고?

그래!

실제로 조련사가 돌고래를 훈련시킬 때 돌고래를 칭찬하면 못하던 것도 잘한다고 한다.

칭찬은 동물뿐만 아니라 식물도 잘 자라게 한다. 좋은 말, 나쁜 말로 식물 키우기의 대표적인 예로는 '양파 실험'이 있다.

양파 A   양파 B

싹이 나기 시작한 두 개의 양파를 각각 물에 뿌리가 잠기도록 한 다음, 한쪽에는 좋은 말을 다른 한쪽에는 나쁜 말을 들려준다. (단, 두 개의 양파는 멀리 떨어뜨려 놓아 서로 다른 말은 못 듣게 함)

멍청이!
에잇, 바보야!
못생겼어!

정말 예뻐.
사랑해.
탐스러워!

양파 A   양파 B

이렇게 30일가량 계속하면 실제로 좋은 말을 들은 양파가 더 튼튼하게 자란다.

양파 A   양파 B

그러니까 너도 항상 긍정적이고 좋은 말을 하도록 해.

알았어.

근데 난 아까 엄지가 한 말이 자꾸 신경 쓰여.

* 양파 실험은 일부러 나쁜 말을 하게끔 한다고 해서 아이들한테 비교육적이라는 의견도 있음
* 식물은 귀가 있어 소리를 듣는 것이 아니라 음파가 식물의 세포막을 떨게 하여 이것이 원형질을 흔들어 운동을 활발하게 만들어 자라는 것임

이렇게 말해 줬으면 더 좋았을 텐데…. 요즘 너 공 잘 던지더라. 어린이 야구 대회에서도 멋진 모습 보여 줘!	쯧쯧, 그건 엄지가 네게 관심 없는 게 아니라 오히려 널 진심으로 칭찬한 거야!
근데 감독님 말만 전했잖아. 이건 내게 관심이 없다는 거 아니겠어? 요즘 너 잘한다고 감독님의 기대가 크셔.	앗, 정말?
관심이 없다면 네 칭찬을 귀담아들었겠어? 게다가 일부러 전하기까지 하겠냐고…! 꼼지 녀석, 요즘 잘하네. 맘에 들어. 꼼지가 저 말을 들으면 좋아하겠지?	엄지는 직접 칭찬하기 부끄러워 '누가 그러더라'라는 말로 마음을 전한 거야. 감독님 핑계 대고 내 맘을 전해야지.
아, 네 말이 사실이면 참 좋겠다! 어이구, 단순하기!	뭐하는 거지? 햄스터는 또 뭐고? 엄지도 참…!

쯧쯧, 햄스터를 학교까지 데리고 다니다니…!

앗!

그나저나 너 그 소문 들었니? 글쎄 단수랑 엄지랑 사귄대.

뭐라고?

에이, 아닐 거야. 내가 보기에 둘이 친해 보이지도 않던데, 뭘!

친하지도 않은데 단수가 귀고리를 선물했겠어? 오늘 엄지가 하고 온 귀고리, 단수가 준 거래.

깜짝

귀고리까지 선물할 정도면 둘이 사귀는 거 아니겠어?

그 귀고리가 단수가 준 거라니….

아….

호호, 이 정도면 오해하기엔 충분하겠지?

흑흑

꼼지야! 나랑 같이 여기 좀 정리하자.
저 귀고리가 단수의 선물?
미안, 나 먼저 갈게!
어…?
슥
터벅 터벅
꼼지야, 그럼 우리 떡볶이 먹고 가자! 내가 살게.
아니, 배도 안 고파….
꼼지야….
터벅 터벅

질투와 집착

너 왜 그래?
좋아하는 엄지의
부탁도 거절하고….

나도 내가 왜 이러는지 모르겠어.
엄지가 단수를 좋아한다고 해서 내가
엄지한테 그럴 것까진 없는데….

너 질투
하는구나?

질투?

그래. 질투는 다른 사람이 잘
되거나 좋은 처지에 있는 것을
아무 까닭 없이 미워하거나 깎아
내리려고 하는 마음이야.

질투는 특히 자신이 좋아하는 이성이 자신이 아닌 다른 이성에게 관심을 가질 때 크게 나타난다.

아, 정말 멋져! 손이라도
한번 잡아 봤으면….

쳇, 뭐야!

쿵짝
쿵짝
쿵짝

질투심이 강해지면 상대에게 매우 부정적이고 적대적인 감정까지 나타낸다.

"저 사람이 그렇게 좋으면 저 사람한테 가!"

"에이, 그냥 한 소리 갖고 왜 그래?"

"어… 어, 나 질투하는 거 절대 아니야…."

"괜찮아. 질투는 자연스러운 행동이야."

질투는 심지어 애완동물들도 한다.

"주인님, 미워, 이잉~! 만날 쟤만 안아 주고…."

"엄지를 좋아해서 네가 이러는 건 이해하지만 네가 갑자기 변하면 오히려 엄지가 상처받을지 몰라."

"게다가 기진이 말만 듣고 네가 괴로워하는 건 너무 앞서 가는 것 같지 않니?"

"맞아. 사실인지 아닌지도 모르는데 이러는 건 남자답지 못해!"

깜짝

가서 엄지한테 직접 확인할 거야.

어이쿠!

덥석

만약 사실이면 엄지에 대한 지나친 마음을 버려. 안 그러면 '집착'하는 것처럼 보일 거야.

집착?

너 '스토커'라고 들어 봤어?

응.

마음에 드는 누군가를 계속 쫓아다니는 사람이잖아.

맞아. 어떤 사람에 대한 애정이 지나쳐 그 사람을 항상 쫓아다니고 때로는 신체에 위협을 가하는 경우도 있지. 이런 사람을 '스토커'라고 해.

스토커는 상대를 사랑해서 한 행동이라고 하지만 당하는 사람은 매우 극심한 두려움과 고통을 겪는다.

네가 좋아서 그런 건데 왜 내 맘을 몰라?

그건 사랑이 아니야!

아유, 내가 엄지한테 많이 집착하는 것처럼 보여? 그 정도는 아닌데….

나도 알아. 그래도 지금처럼 민감하게 반응하면 오해하게 돼!

네가 그렇게 얘기하니까 괜히 물어보는 게 꺼려지네.

꺼리지 말고 직접 물어봐! 그러면 더 이상 오해할 필요도 없잖아.

그런가?

일단 귀고리가 예쁘다고 말을 건넨 후, 누구한테 선물 받은 건지 넌지시 물어봐!

아, 그럼 되겠다!

깜짝

어? 꼼지야! 아직 집에 안 갔어?

어… 엄지야!

…

내일 보자. 안녕!

마음의 정화 – 카타르시스

하하, 그런 일이 있었어?

내성적이고 조용한 줄만 알았는데 웃긴 이야기도 많이 알고…. 너 참 재미있어!

헤헤, 뭘….

난 너처럼 언제나 밝고 활기찬 성격이 부러운데…. 난 그게 잘 안 되거든.

….

사실 나, 네가 생각하는 것만큼 밝고 활기차지마는 않아. 난 솔직하지 못한 아이야.

지금 난 내 자신이 매우 부끄럽게 느껴져.

지난번 병원에서 만났을 때 휠체어 타고 있던 분….

사실…, 우리 엄마야!

아빠가 갑자기 사고로 돌아가시는 바람에 그 충격으로 엄마는 정신 분열병을 앓게 되셨어.

….

그리고 집안도 기울고…. 난 이런 현실이 싫어서 남들이 눈치채지 못하게 일부러 더 밝은 척한 거야.

공 가지고 왔습니다!

꼼지야, 떡볶이 먹고 가자.

그래 가지고 훌륭한 선수가 되겠어?

게다가 엄마가 하루에도 몇 번씩 아무 까닭 없이 울고 웃고 하시니까 친구를 집에 데려가지도 못했어.

엄마는 언제나 나를 사랑해 주셨는데 나는 그런 엄마가 창피해서,

흑흑

헤헤

울먹

너한테 아줌마라고 속인 거야….

주르륵

난 정말 나쁜 딸이야.

저렇게 울고 나면 그동안 쌓인 감정이 어느 정도 풀어져 엄지한테 도움이 될 거야.

잠깐! 지금은 실컷 울게 놔둬. 진정되면 손수건이나 건네줘.

정신 분석에서는 무의식 속에 잠겨 있는 마음속에 억압된 감정의 응어리를 말이나 행위 등으로 드러내는 것이 정신 건강에 도움이 된다고 보았다.

응어리진 마음을 밖으로 드러내야 한결 편해질 겁니다.

오이겐 블로일러
(1857~1939년)
스위스의 정신 의학자. 정신 분열병이라는 용어를 처음 주장함

이렇게 응어리진 마음이 풀어져 정화되는 것을 '카타르시스'라고 해.

아, 실컷 울고 났더니 마음이 편안해졌어.

나도! 카타르시스가 된 것 같아!

보통 심리적으로 불안을 보이는 아이를 치료할 때 쓰이는 '놀이 치료'도 카타르시스의 원리를 응용한 것이다.

놀이 치료는 아이에게 장난감을 주어서 놀게 하고, 아이가 장난감을 통해 나타내는 공포, 애증 및 다양한 갈등을 진단하고 치료하는 심리 요법을 말한다.

음, 저 아이는 심리적으로 불안해 보여! 놀이 치료를 받게 해 볼까?

만날 거짓말만 하고. 넌 맞아야 해.

하지만 이런 방법은 가설일 뿐이야.

그래도 엄지가 울고 나면 어느 정도 감정이 풀렸으면 좋겠어.

엄지야, 자!

미안해. 내가 갑자기 울어서 당황했지?

아니, 하기 힘든 얘기였을 텐데 나한테 말해 줘서 오히려 고마워. 왠지 너랑 더 가까워진 것 같아.

참, 내가 심리 전문가 한테 들은 얘긴데 너의 엄마 병은 나을 수 있을 거래. 그러니 너무 걱정 마.

응, 고마워.

아, 너한테 얘기하고 실컷 울고 나니까 마음이 좀 후련해졌어.

하지만 다른 사람들한테까지 알리고 싶지는 않아. 그러니….

무슨 뜻인지 알아. 걱정 마!

근데 귀고리는 왜 뺐어? 아까 보니까 잘 어울리던데….

정말?

이거 미주가 사 준 건데 아무도 예쁘단 말을 안 해 주잖아. 그래서 뺐어.

헉, 정말이야?

진작에 예쁘다고 말해 주지. 그랬으면 안 뺐을 텐데…!

아하하, 미안.

휴, 정말 큰 오해를 했었네.

근데 미안하다면서 왜 계속 웃어?

아, 아무것도 아니야.

좋아하면 비슷해져

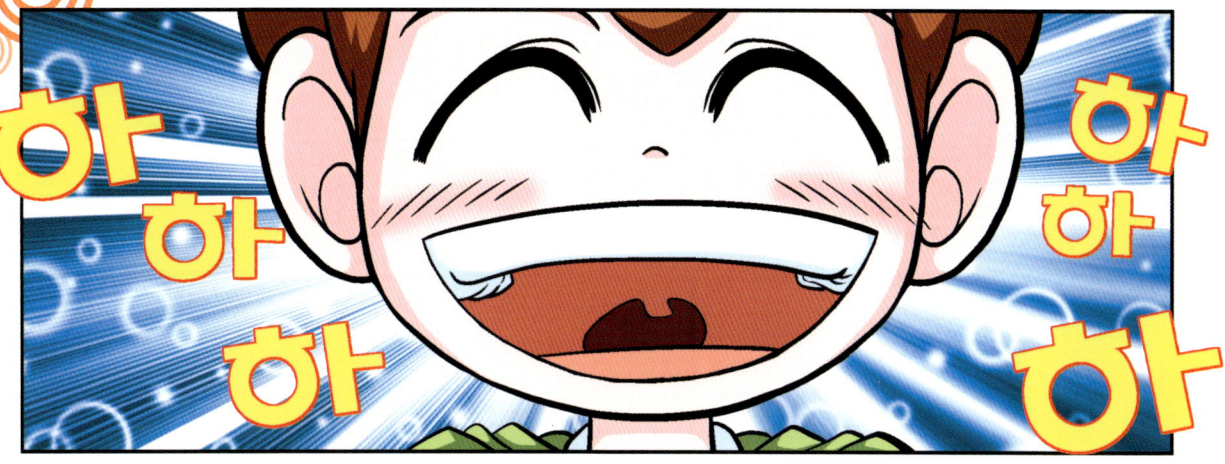

아주 신 났군!

당연하지. 엄지랑 아주 친해졌잖아!

엄지가 비밀 얘기를 나한테 한 것 보면 나를 믿는다는 거겠지?

넌 보면 볼수록 참 카멜레온 같은 아이야.

그게 무슨 말이야?

사람들은 보통 자신의 말을 잘 들어 주는 사람 앞에서는 무슨 이야기든 하게 돼.

사실 저한테 문제가 있어요.

이러쿵 저러쿵

음, 많이 힘드셨겠어요.

이렇게 귀를 기울여 잘 들어 주고 자신과 공감대를 형성해 주는 사람 앞에서 자신을 모두 드러내게 되는 것을 '카멜레온 효과'라고 부른다.

그리고 상대를 진심으로 이해하여 그 사람과 공감대를 형성하는 사람을 '카멜레온 인간'이라고 부르지.

듣고 보니 되게 좋은 말이네. 히히.

아마 엄지도 네가 진심으로 자신과 공감할 것 같아서 너한테 털어놓은 걸 거야.

히히, 맞아. 난 엄지 말에 백 퍼센트 공감해.

그리고 너희는 행동만 봐도 많이 친해진 걸 알 수 있어.

행동으로?

너희는 무의적으로 비슷한 행동을 많이 하고 있어.

우리가?

좋은 감정을 갖고 친하게 지내는 사람과 마주 앉아 얘기하다 보면 무의적으로 상대와 비슷한 행동을 하는 경향이 많다.

너하고 나만의 비밀이야.

알았어.

헤헤, 진짜 그런지 나중에 신경 써서 봐야지.

* 공감 : 남의 감정, 의견, 주장 따위에 대하여 자기도 그렇다고 느낌

또 얘기할 때 거리도 많이 가까워져서 전보다 엄지와 더욱 친숙한 느낌이 든 거야.

그럼 엄지도 내게 호감이 있다는 말이네?

아, 이제 엄지한테 어떻게 다가가지? 아유, 부끄러워.

괜히 꾸미려고 애쓰지 마. 그게 더 어색해. 엄지는 네 순수한 마음과 모습을 좋아하는 걸 테니까…

두근 두근 두근

지금처럼 진실되게 엄지를 대한다면 앞으로는 더 친해질 거야.

당연히 그래야지.

아, 엄지가 꿈에 나왔으면 좋겠다!

149

단수의 분노

"나를 찾아온 걸 보니 내가 시킨 일을 했나 보네!"

"물론이지! 그런 일은 식은 죽 먹기라고."

"나도 거들었어."

"미주가 엄지한테 귀고리를 사 주고 난 그걸 네가 준 거라고 꼼지한테 말했어. 그랬더니 꼼지가 꽤 실망하던데?"

"오, 그래?"

집사, 여기 맛있는 음식 갖다 줘.
네, 도련님!
와!
음, 이번 일로 둘 사이가 멀어지면, 이후에는 엄지가 나한테만 관심 갖게 해야겠어.
쿡쿡
지금 바로 학교로 갈 테니 차도 준비시켜.
네, 도련님!
단수는 오늘도 안 왔나?
감독님!
후다닥
단수, 왔어요.
건들건들

버럭
고단수, 항상 제멋대로 구나! 혼 좀 나 볼래?
꾸벅
죄송해요.
감기에 걸려서 그랬어요. 말씀드리지 못해 죄송해요. 앞으로는 이런 일 없을 거예요.
연락이라도 하지….
당황~
아파서 그랬다니 할 말이 없네. 근데 얼굴은 좋아 보이는 건 뭐지? 쩝!
후후, 오늘은 정말 기분이 좋은걸?
앗, 엄지다. 그럼 천천히 시작해 볼….
쓱
엥? 둘 사이가 예전보다 더 좋아 보이잖아!
하하하
호호호

기진이 녀석, 나한테 거짓말한 거야? 으~!

꼼지야, 연습 잘해!

그래, 이따 봐!

쿠오오오

이렇게 된 이상 내 방식대로 하겠어!

야, 잠깐 나 좀 봐!

어어, 단수야!

덥석

나랑 친해지면 얼마나 좋은지 네가 아직 모르나 본데…. 잘 들어!

예쁜 옷은 물론이고 좋은 학용품, 맛있는 음식 등 뭐든 다 사 줄 수 있다고!

네가 무슨 백마 탄 왕자라도 되니? 분명히 말하는데 난 그딴 것에 관심 없어! 그리고 지금의 너와는 친해지고 싶지 않아.

어째서 남부럽지 않게 모든 걸 가진 내가 왜 너한테는 꼼지보다 못한 취급을 받는 거지?

난 지금까지 원하는 건 다 가졌어. 돈으로 사지 못하는 건 없었다고….

나 저거 사 줘!

세상엔 돈 주고 살 수 있는 것보다 살 수 없는 게 더 많아. 넌 그걸 모르니?

난 돈보다는 사랑, 우정 등이 훨씬 더 소중하다고 생각해.

믿음 우정 사랑 희망 시간

물론 네 말대로 넌 잘 생겼고 자신감도 넘치고, 집도 부자야.

하지만 난 네가 정말 중요한 게 뭔지 모르는 것 같아 나보다 더 불쌍해 보여.

뭐? 내가 불쌍하다고? 어디서 감히 내게 그런 말을….

크윽

잠시 후

다, 단수야! 미안해. 난 분명 성공한 줄….

됐고. 지금부터 내가 하는 말 그대로 애들한테 소문내!

소문?

깜짝

155

엄지에 관한 소문

야! 너 그 소문 들었어?

3반 엄지라는 애, 정신병에 걸렸다면서?

응, 나도 들었어. 예쁘장하고 귀엽게 생겼던데…. 안됐어.

웅성 웅성 웅성 웅성

엄지라는 애, 사람들 보는 앞에서 오줌도 싸고 아무나 보고 막 웃는대.

걔네 엄마도 그렇다던데…. 유전인가?

너희 지금 무슨 얘기하는 거야? 엄지가 뭐 어쨌다고?

버럭

아, 꼼지! 너는 잘 알겠다.

"엄지랑 같은 야구부잖아. 걔 진짜 정신이 이상하니?"

"그런 애가 어떻게 단수하고 사귄다고 소문이 났었지?"

"다 헛소문이야! 도대체 누가 그런 소문을 퍼뜨린 거야?"

"대체 이게 어떻게 된 일이지?"

"내 얘기, 다른 사람들은 몰랐으면 해."

"너도 엄지 얘기 들었어?"

"응. 정말 놀랐어."

"어떻게 이렇게 말도 안 되는 소문이 퍼졌지? 누가 일부러 퍼뜨린 것 같아."

"그러게 말이야. 이거 심각한데?"

나쁜 소문일수록 빨리 퍼지는데 진짜 걱정이다.

우리나라 한 방송국에서 좋은 소문과 나쁜 소문에 관한 실험을 하고자 무작위로 선정된 방청객에게 다음과 같은 소문을 냈다고 한다.

○○ 배우가 기부를 했대요.

△△ 가수가 음주 운전을 했대요.

술렁 술렁   술렁 술렁

그런데 몇 시간 후 조사했더니, 좋은 소문보다 나쁜 소문을 듣고 전한 사람이 훨씬 더 많았다.

△△ 가수에 관한 소문을 들은 분, 손들어 보세요!

게다가 나쁜 소문은 전달 과정에서 사실보다 지나치게 부풀려지기도 했다.

음주 운전 했대.

사고 내고 뺑소니 쳤대.

매니저가 한 거라고 거짓말도 했대.

감옥 가게 생겼대.

엄지에 대해 헛소문 퍼뜨린 사람, 잡히기만 해 봐! 가만 안 둘 테야!

다 다 다 다

!

아, 꼼지야!

흑흑

네가 엄지 좀 위로해 줘라. 난 잠깐 볼일이 있다.

모두 잘 들어! 엄지에 대한 이상한 소문이 있던데….

저희는 아니에요! 저희가 왜 우리 팀원을 나쁘게 말하겠어요.

어쨌든 너희 중에 범인이 있다면 지금 순순히 밝히는 게 좋을 게다.

두근 두근

만약 이 시간 이후에 밝혀지면 야구부에서 쫓겨나는 건 물론, 경찰에도 신고하겠다. 이런 악의적인 소문은 남을 해치는 행위와 같으니까!

깜짝

우리 주변에도 자신의 모습이 보이지 않는다고 다른 사람을 함부로 모함하고 비방하는 못된 악플러들을 볼 수 있다.

욕 좀 쓴다고 누가 뭐라겠어? 내가 누군지도 모를 텐데…

하지만 그런 악플러들 때문에 누군가는 직접 피해를 본다는 것을 똑똑히 알아야 한다.

웅성 웅성 웅성 웅성

이번 일은 절대 그냥 넘어갈 일이 아니야. 범인을 잡아서 반드시 벌받게 할 거야.

저 녀석, 겁먹은 표정이네. 으, 생각보다 일이 커졌어.

가, 감독님! 엄지가…!

엄지야!

보건실로 가자. 어서 나한테 업혀라.

…

헉헉

160 *악플러 : 다른 사람이 올린 글에 대하여 비웃거나 헐뜯는 내용의 댓글을 즐겨 올리는 사람

…

너, 혹시 아는 거 없어?

내가 뭘 안다고 나한테 물어?

화내지 마. 하도 답답해서 넌 뭐 좀 아는 게 있나 물어본 거야.

하지만 엄지를 울게 만든 사람을 찾으면 절대 용서하지 않을 거야. 그 누구라도….

…

범인은 바로 나!

어떡하지? 난 단지 엄지를 창피하게 만들 생각뿐이었는데….

세상엔 돈 주고 살 수 있는 것보다 살 수 없는 게 더 많아.

난 네가 정말 중요한 게 뭔지 모르는 것 같아 나보다 더 불쌍해 보여.

자, 악어 입에 손을 넣는 분에게 '명예 악어 조련사 증서'를 드릴 테니 도전해 보세요.

와 와

와 와

엄마, 나 저거 갖고 싶어! 사 줘.

단수야, 저건 돈 주고 사는 게 아니라 용기로 얻는 거란다.

물론 가짜 증서를 만들어 줄 순 있어. 하지만 그건 그냥 종이밖에 안 되겠지?

진정 가치 있는 증서를 갖고 싶다면 용기를 내야 해. 한번 해 보겠니?

자, 아무도 없습니까?

엄마, 나 해 볼래.

와우, 성공!

용기 있는 이 어린이에게 박수 한번 주세요!

아, 엄마! 지금 내게도 그때의 용기가 필요한 거야? 하늘에서 보고 있으면 말 좀 해 줘!

악어조련사 증서

왜 이러고 있어? 집에 안 가?

난 아직도 이해가 안 돼. 어째서 다른 사람의 고통은 생각 않고 그런 소문을 내는지…!

그건 사람에 대한 배려를 모르기 때문에 상대의 아픔은 아랑곳하지 않는 거야. 근데 안타깝게도 그런 사람이 많아!

이런 사례의 대표적인 게 '집단 따돌림'이다.

괴롭힘을 당하는 사람들은 정신적으로 심한 상처를 받지만

흑흑, 학교 가기 싫어. 누구한테 말도 못 하고….

정작 친구를 괴롭히는 사람들은 상대의 고통은 신경 쓰지 않고 죄책감도 갖지 않는 경우가 많다.

심심해서 재미로 그랬어요.

내가 다치거나 아픈 것도 아닌데요, 뭘! 헤헤.

으, 아무렇지도 않게 친구를 괴롭히는 애들은 정말 사이코패스 같아!

사이코패스의 뜻을 알고 하는 얘기야?

164

잘 몰라. 하지만 아주 잔인한 사람들을 '사이코패스'라고 하잖아!

쯧쯧, 대답하고는!

사이코패스는 뇌에서 감정을 지배하는 전두엽 기능이 보통 사람들보다 15퍼센트밖에 되지 않아 문제를 일으키는 것으로 성인한테만 진단이 내려진다.

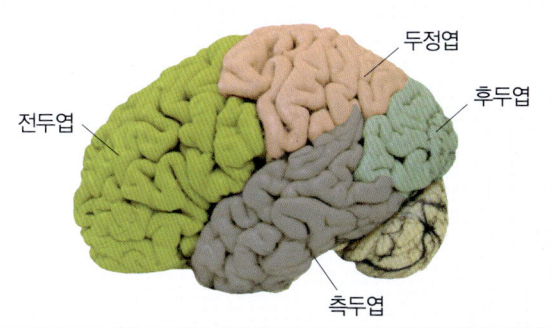

두정엽
후두엽
전두엽
측두엽

사이코패스의 특징은 다른 사람에게 피해를 끼친 자신의 행동에 대해 죄의식을 느끼지 못하며 그들의 고통을 공감하는 능력이 떨어지고 무관심하다.

왜 그런 범죄를 저질렀나?

쾅

풋! 그냥 심심해서요.

그러니까 친구를 괴롭히는 아이들을 사이코패스랑 연결시키는 건 옳지 못해. 그 아이들은 다만 제대로 교육을 받지 못해서 그런 경우가 많아.

근데 괴롭힘을 당하는 친구를 보고도 도와주려고 하지 않는 '방관자 효과'가 더 큰 문제야.

방관자 효과?

방관자 효과

1964년 3월 13일 새벽, 뉴욕에서 제노비스라는 20대 후반의 여성이 집 앞 도로에서 무참히 살해당하는 사건이 벌어졌다. 그런데 이를 목격한 사람들이 자그마치 38명이나 됐지만 그중 단 한 명도 나서서 말리거나 경찰에 신고조차 하지 않았다.

이 사건을 계기로 미국의 심리학자 존 달리와 빕 라타네는 사람들이 위기에 처해 있는 사람을 도와줄 때 여러 가지 요인에 의해 결정된다는 것을 밝혀냈다. 그중에서도 나 이외에 다른 목격자들이 있었느냐에 따라 도움 행동이 결정되며 특히 목격자가 많을수록 위기에 처한 사람을 덜 도와주고 또 도와주기까지 걸리는 시간도 더 길어진다고 설명했다. 이런 현상을 두 심리학자는 '방관자 효과'라고 정의했다.

키티 제노비스

그러므로 정의로운 세상을 만들기 위해선 용기가 필요하다.

위험을 무릅쓰고 아이를 구하셔서 많은 사람이 감탄하고 있습니다.

당연히 해야 할 일을 한 것 뿐인데요.

꼼지야!

어, 단수 네가 여긴 웬일이야? 아직 집에 안 갔어?

엄지는 좀 어때?

아직 보건실에…

너, 범인을 찾으면 절대 용서하지 않는다고 했지?

엄지에 대한 소문을 퍼뜨린 건 바로 나야!

쿠궁

뭐?

난 내일 학교를 떠날 거야. 물론 엄지에 관한 소문도 헛소문이었다고 밝힐 거고.

자, 범인을 알았으니 욕을 하든 한 대 치든 네 맘대로 해.

고단수, 이 비겁한 놈!

헛소문이었다고 밝히고 학교를 떠나면 다 해결되는 거야?

쿠오오오

그럼 나보고 어쩌라고. 나한텐 이게 최선의 방법이란 말이야.

비록 헛소문이었다 해도 엄지가 받은 상처는 영원히 지워지지 않을 거야. 네가 정말 잘못했다고 생각하면 엄지한테 직접 사과해!

알았어. 엄지한테 가서 직접 사과할게.
그리고 떠나는 것도 무책임해. 감독님과 팀원들은 네게 큰 기대를 걸고 있다고!
이번 어린이 야구 대회는 우리한테 초등학생 때의 마지막 경기라고.
와 와
와
와
짧은 시간이었지만 우린 함께 훈련하고 호흡을 맞춰 왔어.
….
나도 네 덕분에 실력이 늘었고…. 근데 이제 와서 이 모든 걸 포기할 셈이야?
나도 인정 못 해. 네가 정말 잘못한 것을 알았다면 끝까지 우리와 함께해. 나, 다 들었어!
어, 엄지야!
엄지…!

널 용서할게. 그리고 소문 중에 사실인 것도 있어. 우리 엄마 정말 많이 아프셔.

하지만 더 이상 우리 엄마 병을 숨기지 않을 거야.

엄지야…!

그동안은 그게 무지 창피한 거라고 생각했는데 이젠 그렇지 않아. 내가 가장 사랑하는 엄마인데 뭐가 창피해?

용기를 내 잘못을 인정해 줘서 고마워. 친구야!

미안해. 정말 미안해….

흑흑

친구…?

흑흑

진정한 성장

제10회 어린이 야구 대회 결승 경기가 열리고 있는 가운데

어린이 야구 대회

넉 달 후

7회 초, 2아웃까지 잡아낸 꼼지 투수! 오늘 양 팀 투수 정말 잘 던지는군요.

현재 3 대 3! 팽팽한 접전이 펼쳐지고 있습니다.

7회 초
주자 없음

진오	강성
3	3

단수 녀석, 정말 끝까지 속 썩이네. 결승인데 안 나타나면 어떡하냐고!

….

쳤습니다. 높게 떠오릅니다!

아웃!

턱!

아, 우익수가 잡아냅니다!

기진아, 아주 잘했어!

으, 응...

자, 이어 7회 말 강성의 공격이 시작되겠습니다.

....

선두 타자, 삼진으로 물러납니다.

팡

과연 승리의 여신은 어느 팀의 손을 들어 줄지 기대됩니다.

어이구, 속 터져! 그런 공에 방망이를 휘두르면 어떡해?

감독님, 죄송합니다. 늦었습니다.

늦어서 죄송하다고? 당장 돌아가! 너 같은 녀석은 필요 없어!

171

감독님, 한 점이 중요한 때에 단수가 홈런을 치면 좋잖아요. 단수한테 기회를 주세요.

감독님.

아니, 이 녀석들이….

안 돼! 실력만 좋으면 뭐해? 선수로서의 기본자세가 안 돼 있는데….

어쩌지? 감독님이 꿈쩍도 안 하시는데…!

꼼지야.

'문간에 발 들여놓기' 방법을 사용해 봐.

문간에 발 들여놓기?

상대에게 아주 쉬운 부탁을 해 상대가 들어주면, 그 뒤에는 내가 진짜 원하는 것을 들어주게끔 이끄는 방법이야.

문간에 발 들여놓기

문간에 발 들여놓기 효과는 미국의 심리·사회학자 프리드먼과 프레이저가 1966년에 실험으로 증명했다. 사람들은 다른 사람의 쉬운 부탁은 대부분 들어준다. 이때 상대방이 작은 요구를 들어줌으로써 착한 사람이라는 자기 이미지를 갖게 되므로, 이후에도 그 이미지를 지키고 싶은 마음에서 더 큰 요구까지 들어줄 가능성이 있는 것이다.

알았어. 어디 한번 해 보자.

불끈

감독님, 단수가 연습하는 건 괜찮죠?

맘대로 해! 어차피 시합에는 안 내보낼 테니까!

단수야, 네 몸 상태가 좋다는 걸 감독님에게 보여 드려. 방망이를 힘차게 휘둘러 봐.

알았어!

고마워, 얘들아!

처억

이얍!

붕붕

음, 자세도 훌륭하고 몸 상태도 좋아 보이네.

와, 단수의 방망이 소리가 아주 경쾌한데요?

보셨죠?

좋아, 단수에게 기회를 주겠다!

아자~

8회 말, 강성의 공격이 시작됐습니다.

애들아, 고마워! 너희 덕분에 내가 갖지 못한 게 뭔지 알게 됐어.

앗, 말씀드리는 순간 초구를 받아 치는 고단수 선수!

아, 고단수 선수가 교체 선수로 들어왔네요.

호, 홈런입니다! 드디어 강성이 한 점 앞서 갑니다.

아쉽게도 더 이상 추가 득점 없이 강성의 공격이 끝나고 9회 초, 진오의 마지막 공격이 이어지겠습니다.

진오	강성
3	4

마운드에는 여전히 꼼지 선수가 들어섰네요.

꼼지야, 9회만 잘 막으면 돼!

감독님, 꼼지가 9회에 또 실수하면 어떡하죠?

음….

실수 안 할걸?

174

난 성장했어. 이젠 어떤 상황도 두렵지 않아. 내 자신을 믿으니까!

씨익

제 6구, 던집니다!

9회 초
주자 없는 상황

헛스윙, 아웃! 경기 끝납니다.

부웅~

파앙

제10회 어린이 야구 대회 우승은 강성 초등학교 입니다.

야호!

이렇게 마음을 다스려 가며 어른이 되는 거구나! 고마워, 콜리. 고마워, 얘들아!

와 와 와 와

반주원 쌤의 논술터치

[난이도] ★★★ 상 ★★ 중 ★ 하

※ (1-5) 물음을 읽고 답하시오.

01 다음에서 말하는 인물의 이름을 쓰시오. ★★   (   )

> 그는 오스트리아의 신경과 의사이자 심리학자로 정신 분석학을 창시했다. 특히 어떤 사람이 특정한 상황을 평소에 기억 못하지만 꿈이나 최면에서 과거의 경험을 떠올리는 걸 보고 사람에게는 '무의식' 영역이 있다고 보았다. 이런 무의식을 연구하고 해석하기 위해 그는 꿈을 연구했다.

02 의사가 환자에게 영양제를 주면서 '병이 낫는 약'이라고 했을 때 그렇게 될 거라는 환자의 믿음 때문에 실제로 병이 낫는 현상이 무엇인지 쓰시오. ★★★

(   )

03 다음 괄호 안에 들어갈 알맞은 말을 쓰시오. ★★★

> 자연재해, 교통사고, 전쟁, 유괴 등 충격적인 사건을 당했던 사람이 그 충격으로부터 벗어나지 못하고 비슷한 상황이나 일상에서 그때의 공포를 느끼는 '불안 장애' 현상을 (①) 장애라 한다. 또한 다른 말로 (②)라고도 하는데, 이 말은 그리스어로 상처를 뜻한다.

① _____   ② _____

04 어떤 사람에 대한 애정이 지나쳐 상대를 항상 쫓아다니고 때로는 신체에 위협을 가하는 등 지나친 집착 증세를 보이는 사람을 무엇이라 부르는지 쓰시오. ★★

(   )

05 다음 괄호 안에 들어갈 알맞은 말을 쓰시오. ★★★ (   )

> 다른 사람이 자신에게 거는 기대나 믿음으로 더욱 힘이 나 실제로도 능력이 향상되는 현상을 (   ) 효과라고 부른다.

06 열등감이란 자신을 남보다 못하거나 무가치한 사람으로 낮추어 평가하는 감정을 일컫는 말입니다. 열등감을 이겨 내는 방법을 3가지 이상 쓰시오. ★★★

07 최근 교육 현장에서 발생하는 집단 따돌림(집단 괴롭힘)은 커다란 사회 문제가 되고 있습니다. 본인이나 친구가 집단 따돌림을 당하는 경우 어떻게 하는 것이 가장 올바른 대처법인지 2가지 이상 쓰시오. ★★★

08 다음은 심리학자 '브랜디'의 실험 중 일부입니다. 여기서 보스 원숭이의 죽음을 다른 원숭이와의 관계 속에서 파악하고 죽음의 원인을 '스트레스'와 '책임감'이라는 단어를 사용하여 쓰시오. ★★★

> 보스 원숭이와 다섯 마리의 원숭이를 각각 책상에 붙어 있는 의자에 앉혔다. 책상에는 버튼이 있고 의자에는 전기 충격 장치를 달아 놓았다. 버튼은 보스 원숭이의 것만 전기 충격이 가해질 때 누르면 전기가 끊어지는 효과가 있었다. 이 실험은 전기 충격이 가해지면 모든 원숭이가 책상에 있는 버튼을 누르도록 하는 것이었다. 전기 충격은 하루에 정해진 시간 없이 순간적으로 일어나게 했는데 다만 6시간은 전기 충격을 주고 6시간은 휴식을 취하게 했다. 그런데 실험한 지 9일이 채 안 돼 보스 원숭이가 죽었다. 반면 나머지 원숭이들은 멀쩡했다. 이때 보스 원숭이 죽음의 원인은 '스트레스성 위궤양'이었다.

09 실패나 나쁜 일을 자꾸 겪게 되면 무기력증이나 의욕 상실 등에 빠질 수 있는데 이것을 '학습된 무기력'이라고 부릅니다. 현재 자신의 학업과 관련해서 '학습된 무기력'에 해당하는 경우가 아래 표에 있는지 골라 보고, 있으면 어떻게 '학습된 무기력'을 이겨낼 것인지 구체적인 목표를 세워 해당 빈칸에 쓰시오. ★★★

목표 예시	1개월 안	6개월 안	1년 안	중학교 입학 전	고등학교 입학 전	고등학교 기간 중	대학 진학 및 사회인이 된 후
영어 읽기·말하기·쓰기							
국어 읽기·말하기·쓰기							
독서하기							
수리·수학적 사고 키우기							
사회·과학적 지식 쌓기							
예체능 관련 배움 얻기							
기타							

10 다음에 소개된 작품,《백설 공주》《피노키오》《미녀와 야수》에 나오는 등장인물들의 행동을 심리학 용어로 무엇이라고 하는지 알맞게 연결하시오. ★★★

군중 심리 Ⓐ •   • ㉠ 백설 공주의 새엄마가 된 왕비는 매일 매일 거울을 보며 이 세상에서 누가 가장 예쁜지를 물었습니다. 왕비는 단 하루라도 자신이 가장 예쁘다는 것을 확인하지 않고는 못 배겼습니다.

학습된 무기력 Ⓑ •   • ㉡ 피노키오는 처음에는 제페토 할아버지와의 약속을 지켜 학교에 가려고 했지만 나쁜 친구들의 꾐에 넘어가 학교에 가지 않고 그들과 놀았습니다. 그러면서도 피노키오는 그것이 잘못된 행동이란 생각은 하지 않았습니다.

강박 장애 Ⓒ •   • ㉢ 야수는 오랫동안 자신을 진정으로 사랑해 줄 사람을 기다렸지만 모두 자신의 외모를 보고 두려워하며 곁에 다가오려 하지 않았습니다. 그래서 야수는 아무도 자신을 진정으로 사랑해 주지 않을 거라 생각하고 마법에서 벗어나는 것을 포기하고 있었습니다.

답안과 해설

부모님께

최근 초·중·고등학교 내신 시험에서 서술형 시험을 강화하는 추세로, 이에 대한 학생들의 적응과 훈련이 요구되고 있습니다. 서술형 문제는 똑떨어지고 정형화된 답을 요구하기보다는 문제에 대한 응용력과 원리 파악을 통해서 각자의 생각을 창의적이고 논리적으로 기술하도록 유도합니다. 따라서 출제자의 의도를 해석하고 이에 알맞은 답안을 체계 있고 논리 정연하게 펼치는 훈련이 중요합니다. 출제자의 의도와 부가 정보가 들어 있는 〈해설〉을 읽고, 어린이가 문제 해결의 방안을 찾도록 지도해 주시기 바랍니다.

답안

1. 지그문트 프로이트(또는 프로이트)
2. 플라시보 효과(또는 플라세보 효과, 위약 효과)
3. ① 외상 후 스트레스 ② 트라우마
4. 스토커
5. 피그말리온
6. 열등감을 이겨 내는 법으로 아래의 모범 답안 중 3가지 이상을 쓰면 됩니다. 물론 모범 답안과 일치하지 않더라도 같은 맥락의 답은 정답에 포함됩니다.

    누구에게나 장단점이 있으므로 나와 남을 함부로 비교하지 않는다. / 외적인 모습보다는 내적인 부분이 더 가치 있음을 깨닫는다. / 나에게 부족한 부분을 깨닫고 채우려고 노력한다. / 열등감은 나를 더욱 발전시키는 계기가 됨을 기억한다. / 긍정적인 태도를 가진다. / 단점을 억지로 감추지 않는다. / 다른 사람의 좋은 점을 인정하고 칭찬해 준다.

7. 아래의 모범 답안처럼 합법적·도덕적 해결책이 2가지 이상 제시된 것은 모두 정답입니다.

    집단 따돌림하는 친구들이 전부 자신을 싫어하는 것이 아니라 주장이 강한 몇 명한테 이끌려 어쩔 수 없이 동조하고 있는 친구도 있음을 분명하게 알고 자신감을 잃지 않는다. / 부모님이나 선생님 등 믿을 만한 어른들에게 상의한다. / 집단 따돌림이 단순한 놀이나 흥미로운 게임이 아니라 상대방에게 엄청난 상처를 주는 행동임을 집단 따돌림하는 친구들에게 말한다. / 집단 따돌림을 당하게 된 원인이 자신의 말과 행동에서 비롯된 것은 아닌지 다시 한번 되돌이켜 보고 그 원인을 고치도록 노력한다.

8. 보스 원숭이는 버튼을 누르면 전기 충격의 고통이 없어지는데 다른 원숭이들이 그 사실을 모르고 고통을 당하자 그 사실을 알려 줘야 한다는 책임감과 부담감을 갖게 되면서 정신적 스트레스를 견디지 못해 죽은 것이다.

9. 뚜렷한 정답은 없습니다. 아이가 제시하는 영역별 목표가 지나치게 무리하지 않고 단계를 밟아 가며 성장해 나갈 수 있는 것이라면 어떤 것이라도 정답이 됩니다.

10. A-ⓒ, B-ⓒ, C-㉠

해설

1~5 본문의 내용을 주의 깊게 읽었다면 연관 내용을 떠올려 쉽게 답을 쓸 수 있는 단답형 문제들입니다. 다만, 정답이 익숙치 않은 심리학 전문 용어들이라 주요 단어와 내용을 함께 암기하는 습관이 잡히지 않은 아이들에게는 다소 어려울 수 있습니다. 이런 경우에는 엄지와 꼼지가 어떤 상황일 때 이 단어들이 등장했는지 다시 한번 이야기의 전개를 떠올리도록 이끌어 주세요.

심리학은 매우 폭넓은 학문으로 이 책에서 다룬 내용은 극히 일부에 지나지 않습니다. 따라서 심리학에 관심을 보이는 아이들에게는 더 전문적인 내용이 담긴 책을 권하는 것이 효과적인 지도법입니다.

6 사람은 살면서 한 번쯤은 열등감을 갖게 됩니다. 하지만 열등감은 오히려 자신을 발전시키는 계기가 되고 겸손함을 갖추는 밑거름이 될 수도 있지요. 그러나 열등감이 오래 지속되면 항상 소극적이고 자신감 없는 생활 태도로 굳어질 수 있으니 아이들이 꼭 열등감을 이겨 낼 수 있도록 지도해 주세요. 또 아이 스스로 자신이 얼마나 소중한 존재인지 깨닫게 하고 수시로 자신을 귀하게 여길 수 있도록 격려해 주세요.

7 흔히 '이지메'나 '왕따'로 불리는 '집단 따돌림'은 최근 심각한 사회 문제로 떠오르고 있습니다. 그런데 더 큰 문제는 인격적으로 아직 미성숙한 아이들이 그들만의 세계에서 문제시되는 아주 사소한 이유로 집단 따돌림을 일으키기 때문에 범죄 행위라고 생각하지 않는다는 점입니다. 하지만 분명한 건 집단 따돌림으로 인해 피해자가 극심한 고통을 겪거나 심지어는 죽음에까지 이르는 등 실질적인 범죄로까지 이어진다는 사실입니다.

내 자녀가 피해자일수도, 때로는 가해자일수도 있음을 부모님은 냉정하게 인지하고 대처해 나가야 합니다. 만약 내 자녀가 피해 학생이라면, 일단 용기를 북돋아 주시고 언제나 옆에 있을 것이며 끝까지 문제를 해결해 줄 것이라는 믿음을 주세요. 더불어 자녀가 따돌림을 받게 된 원인을 되짚어 보고 혹시라도 잘못 지도한 것이 있으면 고치려는 노력도 함께해야 합니다. 그런데 부모님의 힘만으로는 문제 해결이 안 될 경우, 학교 선생님, 의사, 전문 상담원, 변호사 등의 도움을 받도록 하세요. 그리고 어떠한 경우에라도 가해 학생들이나 그들의 부모에게 감정적으로 대하시면 안 됩니다.

자녀가 새 학년을 맞아 새로운 친구들을 만나는 시점이 집단 따돌림과 관련하여 부모님의 걱정이 가장 클 때입니다. 그렇다면 무엇보다 자녀의 대화 능력, 자기 표현력, 배려심, 지도력 등을 키워 주세요. 대화 능력이 뛰어나고 분위기를 주도하는 사람은 집단 따돌림을 당할 확률이 적으니까요.

반면 자녀가 집단 따돌림의 가해자라면 보다 적극적이고 근본적인 대처가 필요합니다. 가해 학생들 중에는 자신은 단지 동조만 했을 뿐, 뭐가 잘못인지 잘 모르겠다고 생각하는 경우가 의외로 많습니다. 그러나 집단 따돌림으로 인해 피해 학생은 엄청난 상처를 받으며 집단 따돌림이 심해지면 범죄가 될 수 있음을 명확히 알려 주세요. 또 자신이 피해 학생 입장에서 생각해 보게끔 기회를 만들어 주세요. 아울러 세상은 모든 사람이 어우러져 함께 호흡하며 만들어 가는 것임을 일깨워 주세요.

8 어느 정도의 '스트레스'는 삶의 활력을 주는 반면, 지속적인 '스트레스'는 만병의 근원이라고 할 정도로 좋지 않습니다. 아이들은 개인적인 심리나 환경적인 영향으로 같은 상황 속에서도 각기 다른 강도의 스트레스를 받습니다. 아이들은 주로 학교 생활, 교우 관계, 학업 성적 등으로 스트레스를 받는데 부모님이 지나치게 방임하거나 적대할 때는 더 심한 스트레스를 받는다고 합니다. 스트레스가 심하면 말더듬증, 두통, 잦은 방뇨, 변비, 집중력 저하 등 다양한 증상을 보일 수 있으니 주의 깊게 관찰하세요. 아이들이 스트레스에 의연하게 대처할 수 있게 하려면 부모님의 사랑과 선생님의 관심 등이 절대적으로 필요합니다. 아울러 아이들을 보다 더 가치 있는 존재로 대우해 주고 아이들에게 규칙적인 생활, 긍정적인 태도, 적당한 운동과 휴식 등을 하게 하면 더욱 건강하게 자랄 수 있을 것입니다.

9 '학습된 무기력'이 학업적인 면에서 나타나면 아이들은 편식하듯 학습도 골라서 하게 될 것입니다. 그러면 특정 과목은 아예 포기하거나 심하면 공부 자체가 자신과는 맞지 않는 일이라 여길 것입니다. 따라서 아이들이 어떤 분야에 능통하지 못해서 한두 번 실패한 것으로 혹은 때때로 남보다 뛰어나지 못했다는 이유로 '학습된 무기력'이라 판단하는 것은 아주 어리석은 행동입니다. 한두 번의 실패나 힘에 부치는 학과 공부가 오히려 아이들의 재능을 발견하거나 미래의 직업을 선택하는 데 있어 큰 도움이 될 수도 있음을 알아 두세요. 아이들의 재능이 어디에 있는지 바르게 알기 위해서는 다양한 독서와 현장 체험 학습 등을 지속적으로 제공해 주어야 합니다. 설령 아이들이 특정 분야에서 월등한 재능을 선보인다 해도 아직까지는 그 밖의 분

야도 지속적으로 경험시켜 주는 게 좋습니다. 그래야 다양하고 폭넓은 사고를 하는 지식인으로 성장할 수 있으니까요.

문제에 제시한 표는 출제의 편의상 학과 공부의 영역에 국한하여 짜 놓았습니다. 하지만 표의 내용은 부모님이 자녀가 성장함에 따라 언제라도 다른 내용으로 교체하시면 됩니다. 더불어 1년에 한 번 또는 새 학기가 시작되기 전에 표를 새롭게 구성하면 보다 유익할 것입니다.

10 ㉠은 《백설 공주》에 등장하는 왕비를 묘사한 것입니다. 왕비는 하루에도 수십 번씩 거울을 보며 자신이 세상에서 가장 아름답다는 것을 확인하려고 합니다. 이 같은 행위에서 우리는 부정적 의미의 나르시시즘과 '강박 장애'를 엿볼 수 있습니다. 먼저 긍정적 나르시시즘을 가진 사람은 비교적 확고한 자존감을 지니고 있어 건강한 삶을 사는 데 반해 부정적 나르시시즘을 가진 사람은 이 책에 나오는 왕비처럼 늘 외부로부터 자존감을 확인받으려 하고 때로는 스스로를 뽐내기 위해 타인을 무너뜨리는 죄도 서슴지 않습니다. 여기서 왕비가 끊임없이 거울에 질문하고 답을 구하는 행위는 강박 장애로 볼 수 있는데 이는 부정적 나르시시즘의 연결 선상에서 이루어지는 것입니다.

㉡은 《피노키오》에 나오는 이야기입니다. 피노키오는 처음에는 옳지 못한 행동인 줄 알았지만 나중에는 다른 사람이 하니까 자신도 따라한 것일뿐 잘못이 없다고 생각합니다. 이런 생각은 '군중 심리'의 일부분으로 볼 수 있습니다.

㉢은 《미녀와 야수》에 나오는 이야기입니다. 야수는 원래 잘생긴 왕자였지만 오만하고 타인을 배려할 줄 모르는 사람이었지요. 그러던 어느 날, 요정의 마법에 걸려 추한 외모를 가진 야수로 변했고 게다가 요정이 남긴 장미꽃의 마지막 꽃잎이 떨어지기 전까지 진정한 사랑을 만나지 못하면 죽게 될 운명에 처했지요. 그런데도 야수는 사람들로부터 사랑을 받기는커녕 두려움과 공포의 대상이었고 그래서 '학습된 무기력' 상태에 빠져 있었지요. 그러다 벨을 만나면서 마음을 열고 진정한 사랑을 하게 되고 마법에서도 풀려나게 됩니다.

자, 어떤가요? 심리학 전문 용어를 동화책에 나오는 등장인물과 연결해서 분석해 보니 조금 색다르죠? 지금부터 부모님은 아이와 함께 수많은 이야기 속에 등장하는 인물들의 심리를 위와 같이 분석해 보세요. 그러면 새로운 시각으로 이야기를 접하는 흥미로운 경험을 하게 될 겁니다.

찾아보기

ㄱ
강박 장애 82
강화 훈련 112
강화물 113, 114
공포증 81
관찰 학습 72
군중 심리 50
꿈의 해석 55

ㄴ
나르시시즘 98
내담자 84
노출 치료 85
놀이 치료 145

ㄷ
다윗 린더 130
대비 효과 91
데카르트 21
동조 47
동조 현상 48, 49

ㄹ
로크 21

ㅁ
몰개인화 50
무의식 24, 54, 55
문간에 발 들여놓기 172

ㅂ
발달 심리학 25
방관자 효과 165
베이컨 21
불안 장애 80, 81
빌헬름 분트 24

ㅅ
사이코패스 164, 165

사회 심리학 25
산업 심리학 25
상상 연습 102, 103
생물 심리학 25
생물·심리·사회적 접근 24, 25
생의학적 치료 83, 86
소속감 50
소크라테스 21
솔로몬 애쉬 48
스키너 24, 113
스토커 138
스트레스 61, 62, 63
슬럼프 12, 13
실번 톰킨스 118
심리 치료 83, 84
심리전 39
심리학 23

ㅇ
아리스토텔레스 21, 51
앨버트 반두라 10
엔드로핀 119
엘리엇 애런슨 130
열등감 43, 44
오이겐 블로일러 144
외상 후 스트레스 장애 80
우울증(우울 정신병) 16, 86, 99
위약 효과 60
의식 55
인본주의적 치료 83, 84
인지 심리학 25
임상 심리학 25

ㅈ
자기 효능감 10
자기도취 97
자기도취적 성격 장애 98
자유 연상 84
전의식 55
정신 분석 144
정신 분열병 86
조작적 조건 형성 73
조형 113
질투 136, 137
집단 따돌림 49, 164
집착 136, 138

ㅋ
카멜레온 인간 148
카멜레온 효과 148
카타르시스 144, 145

ㅌ
트라우마 80

ㅍ
파블로프 24
프로이트 24, 54, 55, 83, 84
프리츠 스트랙 118
플라시보 효과 57, 60, 61
플라톤 21
피그말리온 효과 131

ㅎ
학습된 무기력 108, 110
한스 셀리에 62
행동 치료 83, 84, 85
호감도 130, 131
후광 효과 31

Why? 과학   Why? 한국사   Why? 세계사 를 통해 4000만 독자의 사랑을 받은
명품 학습만화 Why? 시리즈가 이번에는 Why? 인문사회교양 으로 독자들을 만납니다.

Why? 인문사회교양 시리즈

〈Why? 인문사회교양만화〉는 교과서에서도 쉽게 찾을 수 없는
정치, 경제, 사회, 문화, 예술 등에 얽힌 궁금증들을
어린이의 눈높이에 맞춰 속 시원하게 풀어 줍니다.

화폐와 경제	감수 조한상(한국은행 부국장)	심리학	감수 정경미(연세대학교 교수)
책과 인쇄술	감수 오성상(신구대학 교수)	법	감수 박은정(서울대학교 교수)
음악	감수 방금주(서울교육대학교 교수)	한자 이야기	감수 진재교(성균관대학교 교수)
언어와 문자	감수 김주원(서울대학교 교수)	발표력	감수 정성민(정신건강의학과 전문의)
철학	감수 변순용(서울교육대학교 교수)	오페라와 뮤지컬	감수 김학민(경희대학교 교수)
미술	감수 류재만(서울교육대학교 교수)	영화	감수 박광수(영화감독)
고대 문명	감수 이희준(경북대학교 교수)	옷과 패션	감수 이윤정(고려대학교 가정교육과 부교수)
정치	감수 양승함(연세대학교 교수)	국가와 국기	감수 권태호(성자초등학교 교사)
집과 건축	감수 최문규(연세대학교 교수)		
수와 수학	감수 홍선호(국제문화대학원대학교 연구교수)		

글 조영선, 박세준, 전재운 등   그림 이영호, 송회석, 김강호, 그림수레 등   서술형 출제 반주원(EBS 사탐 강사)
188×250mm / 각 권 184쪽 내외 / 값 각 권 11,000원

＊〈세계 유산〉〈음식과 요리〉 등 계속 나옵니다.

| Photo CREDITS |

유로크레온, 연합뉴스, 이미지클릭, 토픽포토, 예림당

Copyright©2011 YEARIMDANG PUBLISHING CO.,LTD. All right reserved.